DEUTSCH IM BERUF

Wirtschaft

ARBEITSBUCH 1

2., überarbeitete Auflage

VON

URSULA HASSEL

BEATE VARNHORN

DK 50633.

DÜRR + KESSLER

Deutsch im Beruf: **Wirtschaft**

Ein Lehrwerk für Deutsch als Fremdsprache
mit dem Schwerpunkt Geschäfts- und Handelssprache

herausgegeben von Heinrich P. Kelz

Zu dem Lehrwerk Wirtschaft gehören folgende Teile:

H.P. Kelz, G. Neuf
Lehrbuch 1
3-8018-**5060**-9

Lehrbuch 2
3-8018-**5070**-6

Kompendien mit Glossar
in den Sprachen

Englisch

U. Hassel, B. Varnhorn
Arbeitsbuch 1
3-8018-**5063**-3

Arbeitsbuch 2
3-8018-**5071**-4

Französisch

Russisch

Italienisch

H.P. Kelz, G. Neuf
Ton-Kassette 1
3-8018-**5061**-7

Ton-Kassette 2
3-8018-**5072**-2

Spanisch

Niederländisch

G. Neuf
Lehrerhandreichung 1
3-8018-**5062**-5

Lehrerhandreichung 2
3-8018-**5073**-0

Sie finden uns im Internet unter: http://www.stam.de

DÜRR + KESSLER
Fuggerstraße 7 · 51149 Köln
Dürr + Kessler ist ein Verlag der Stam GmbH.

ISBN 3-8018-**5063**-3

VORWORT

Das Arbeitsbuch zum Lehrwerk *Deutsch im Beruf: Wirtschaft* dient der Einübung, Festigung und ergänzenden Aufarbeitung all jener Fertigkeiten, deren Erwerb die jeweiligen Lektionen des Lehrbuchs anstreben. Es enthält ein breites Angebot an Übungs- und Arbeitsformen zu Grammatik, Lexik, Wortbildung und Rechtschreibung sowie zur gelenkten und freien Produktion von mündlichen und schriftlichen Texten.

Außerdem soll auf der Basis von größtenteils authentischen Texten kursorisches und selektives Leseverstehen weiter gefördert werden. Die authentischen Texte sind zur Verdeutlichung grau unterlegt .

Bei der Entscheidung, wann das Arbeitsbuch einzusetzen ist, geben die mit ■S.10■ versehenen Seitenangaben eine erste Orientierung. Sie verweisen auf die jeweilige Seite im Lehrbuch, auf die sich die Übung bezieht. In den meisten Fällen werden Lehrende das Arbeitsbuch zur Nacharbeitung im Anschluss an die Arbeit mit dem Lehrbuch einsetzen. Gelegentlich kann es sich jedoch anbieten, die in den Lehrbuchtexten enthaltene Grammatik anhand von Aufgabenstellungen dieses Buchs zu erarbeiten. Einige Übungen eignen sich ausschließlich für den Klassenunterricht und die Partnerarbeit. Sie sind mit ▯ versehen. Insgesamt empfiehlt es sich also, bei der Planung des Unterrichts auch das Arbeitsbuch einzubeziehen und die entsprechenden Hinweise in den Lehrerhandreichungen zu berücksichtigen.

Nicht jede Übung des Arbeitsbuchs ist obligatorisch. Vielmehr sollen die Lehrenden nach den jeweiligen Bedürfnissen der Lernenden eine geeignete Auswahl treffen, eigene Schwerpunkte setzen und dort intensiver nacharbeiten, wo konkrete Schwierigkeiten auftreten.

Zahlreiche Übungen eignen sich zur häuslichen Nacharbeit und zum Selbststudium. Hierbei bietet der Lösungsschlüssel im Anhang des Arbeitsbuchs die Möglichkeit zur Selbstkontrolle. Wo immer sinnvoll, werden alternative Lösungsmöglichkeiten angeboten. Bei Übungen und Aufgaben zur Texterstellung wird v. a. in den ersten Lektionen häufig eine Musterlösung angeführt.

In den meisten Fällen sollen die Lösungen zu den Übungen direkt ins Arbeitsbuch eingetragen werden. Dies ist insbesondere bei den Einsetz- und Zuordnungsübungen sinnvoll, während eine solche platzaufwendige Regelung bei den freien Übungen weniger gerechtfertigt erscheint. Ist keine Eintragung in das Arbeitsbuch vorgesehen, so wird dies ausdrücklich durch ▯ signalisiert.

Piktogramme

S. 10	Die Übung bezieht sich auf S. 10 im Lehrbuch
▯	Partnerübung
▱	Hier muss ein zusätzliches Schreibheft benutzt werden
◇–◇–◇	Übung zur Syntax
◇+◇	Übung zur Wortbildung
	Authentischer Text oder Text, der Elemente von Authentizität aufweist

1 **Begrüßung** S. 5/6

Bitte ergänzen Sie!

a) Guten Morgen!   G_____ T____! G_____ Abend!

b) W____ geht's? – D_____ , g____.

2 **Ist Herr Klein schon aus Wien zurück?** S. 5/6

Bitte schreiben Sie richtig!

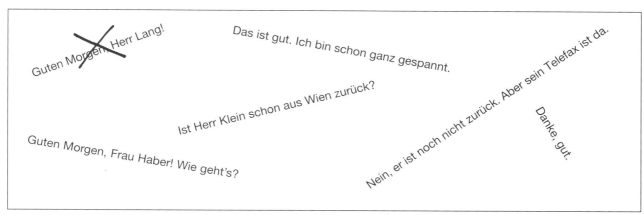

Guten ~~Morgen, Herr Lang!~~

Das ist gut. Ich bin schon ganz gespannt.

Ist Herr Klein schon aus Wien zurück?

Nein, er ist noch nicht zurück. Aber sein Telefax ist da.

Guten Morgen, Frau Haber! Wie geht's?

Danke, gut.

▲ *Guten Morgen, Herr Lang!*
■ _____
▲ _____
■ _____
▲ _____
■ _____

3 **Rechtschreibung** S. 6

1. »u« *oder* »ü«?

Bitte schreiben Sie richtig!

a) punktlich – guten Tag – funf – ubrigens – warum – unklar

b) Furth – Munchen – Brussel – Freiburg – Dusseldorf – Zurich

a) *pünktlich*

b) _____

2. »ei«, »ai« *oder* »ay«?

Bitte ergänzen Sie!

a) Herr Kl____n arb____tet b____ Lang. Er ist b____m Chef. S____n Telefax ist schon da.

b) W____mar – M____nz – M____land – Mannh____m – H____delberg

c) D____mler – B____er – Schn____der – Kl____n

4 **Personalpronomen** S. 7

1. *Bitte ergänzen Sie!*

Ist Frau Haber Vertreter? – Nein, *Sie* ist Sekretärin.

a) Arbeiten Frau Haber und Herr Klein bei Bayer? – Nein, _____ arbeiten bei Lang.

b) Ist Herr Klein Chef bei Lang? – Nein, _____ ist Vertreter.

c) Wohnen Sie in Fürth? – Nein, _____ wohne in _____ .

d) Sind Sie Sekretärin? – _____ .

2. *Bitte ergänzen Sie!*

Frau Haber und Herr Klein wohnen in Fürth. *Sie* arbeiten bei Lang. Frau Haber ist Sekretärin. _____ fragt:

▲ Sind _____ wieder da, Herr Klein?

■ Ja, _____ bin aus Wien zurück.

▲ Herr Lang wartet. _____ ist schon ganz gespannt.

■ Ist mein Telefax aus Wien denn nicht da?

▲ Doch, _____ ist da.

■ Ist noch etwas unklar?

▲ Ja, aber gehen _____ doch zum Chef!

5 **Präsens von »sein«** S. 8

Bitte ergänzen Sie!

a) ▲ Guten Tag, Frau Haber. *Ist* Herr Lang da?

   ■ Nein, Herr Lang _____ nicht da.

b) ▲ Herr Klein, _____ Sie aus Wien zurück?

   ■ Ja, ich _____ seit heute Mittag wieder da.

c) ▲ Arbeiten Sie bei Lang, Frau Haber?

   ■ Ja, Herr Klein und ich, wir _____ Mitarbeiter bei Lang.

d) ▲ _____ das Telefax aus Wien da, Frau Haber?

   ■ Ja, es _____ da.

e) ▲ _____ alles klar?

   ■ Nein, da _____ noch etwas unklar.

6 **Präsens der Vollverben** S. 8

Bitte ergänzen Sie!

a) Herr Lang wart *et* schon. Geh_____ wir!

b) Ich heiß_____ Stock. Und wie heiß_____ Sie?

c) Wann komm_____ das Telefax? Ich wart_____ schon.

d) Ich arbeit_____ bei Hoechst. Wo arbeit_____ Frau Haber?

e) Wir wohn_____ in Fürth. Und woher komm_____ Sie?

7 ⬡–⬡–⬡   `bis S. 9/(10)`

Bitte ergänzen Sie die Tabellen!

Der Chef ~~wartet~~ schon. / Bitte ~~kommen Sie~~ zum Chef! / Er ist aus Wien zurück. / Lesen Sie bitte laut! /
Bitte ergänzen Sie! / Frau Haber und Herr Klein arbeiten bei Lang. / Mein Name ist Stock. /
Herr Stromberg kommt heute nicht. / Also gehen wir! / Ich bin hoffentlich pünktlich.

Aussagesatz

Der Chef	wartet	schon.

Befehlssatz

Bitte	Kommen	Sie	zum Chef!

8   **Vorstellung**   `S. 9`

Bitte schreiben Sie!

Herr Stock, Erlangen, **SIEMENS**

Das ist Herr Stock. Er kommt aus Erlangen und arbeitet bei Siemens.

a) Herr Seidel, München, (BMW)

_____

b) Frau Faber, Köln, (Ford)

_____

c) Herr Harnisch, Essen, 🕸 **KRUPP**

_____

9 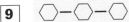 S. 9/10

1. Bitte lesen Sie den Dialog und markieren Sie die Fragen!

Herr Stock:	Guten Morgen, mein Name ist Stock.
Herr Dormann:	Guten Morgen, ich heiße Dormann.
Herr Stock:	Und woher kommen Sie?
Herr Dormann:	Ich komme aus Frankfurt. Und Sie?
Herr Stock:	Ich arbeite bei Siemens …
Herr Dormann:	Ach so, Sie sind also aus München.
Herr Stock:	Nein, ich komme aus Erlangen. Und wo arbeiten Sie?
Herr Dormann:	Bei Hoechst. – Ach, da ist ja auch Herr Winter von Esso.
Herr Stock:	Ja, er kommt gerade aus Hamburg. Guten Morgen, Herr Winter.
Herr Dormann:	Guten Morgen, Herr Winter.
Herr Winter:	Guten Morgen, Herr Stock. Guten Morgen, Herr Dormann. Ich bin hoffentlich pünktlich. Wann kommt Herr Stromberg? Und ist Herr Harnisch von Krupp schon da?
Herr Stock:	Noch nicht. Er kommt ja aus Düsseldorf. Herr Stromberg kommt übrigens heute nicht.
Herr Winter:	Ach, da drüben wartet ja schon Herr Seidel. Also gehen wir!

2. Ergänzen Sie bitte die Tabellen!

Satzfrage

Wortfrage

(Und)	woher	kommen	Sie ?	
und			Sie ?	

3. Schreiben Sie bitte die Fragen in die Tabellen!

Sind Sie Herr Winter? / Wie heißen Sie? / Woher kommen Sie? / Wohnt Frau Haber in Erlangen? / Wo wohnt

Frau Winter? / Ist Herr Dormann pünktlich? / Wann kommt Herr Klein? / Arbeiten Sie bei Siemens?

10 Wie? Wann? Wo? Woher? `S. 10/11`

Bitte fragen Sie!

Wie / ~~Wann~~ / ~~Woher~~ heißen Sie? – *Wie heißen Sie?*

a) Wann / Wo / Woher wohnen Sie? – _____

b) Woher / Wo / Wer kommen Sie? – _____

c) Was / Wie / Wann ist Ihr Name? – _____

d) Wo / Wie / Was macht das Geschäft? – _____

11 Fragen und Antworten `S. 10/11`

Bitte lesen Sie die Antworten und fragen Sie!

Wo ist Herr Klein? — Herr Klein ist beim Chef.

Wohnt sie in Fürth? — Ja, sie wohnt in Fürth.

a) _____ Wir kommen aus Weimar.

b) _____ Ja, Sie sind pünktlich.

c) _____ Herr Klein kommt heute Mittag zurück.

d) _____ Nein, sie geht nicht zum Chef.

12 »Ja«, »nein«, »doch«: Welche Antwort passt? `S. 11`

Wohnt Frau Haber nicht in Fürth?
- ☐ a) Nein, sie wohnt in Fürth.
- ☒ b) Doch, sie wohnt in Fürth.
- ☐ c) Ja, sie wohnt in Fürth.

1. Kommen Sie heute Mittag zurück?
- ☐ a) Nein, ich komme nicht zurück.
- ☐ b) Ja, ich bin wieder da.
- ☐ c) Doch, ich komme heute.

2. Sind Sie aus Wien?
- ☐ a) Nein, ich bin aus Wien.
- ☐ b) Nein, ich komme aus München.
- ☐ c) Doch, ich komme aus Wien.

3. Ist Herr Stromberg nicht am Flughafen?
- ☐ a) Doch, er ist aus Frankfurt.
- ☐ b) Ja, er ist da.
- ☐ c) Nein, er ist nicht da.

4. Heißen Sie Harnisch?
- ☐ a) Ja, mein Name ist Stock.
- ☐ b) Nein, mein Name ist Winter.
- ☐ c) Doch, ich heiße Lang.

5. Ist Frau Schneider pünktlich?
- ☐ a) Ja, sie ist schon da.
- ☐ b) Doch, sie ist pünktlich.
- ☐ c) Nein, sie ist pünktlich.

13 Vorstellung `S. 11`

1. Bitte fragen Sie!

– Wie heißen Sie?

– Wo wohnen Sie?

– .....

2. Sagen Sie:

– Das ist...

– Er/Sie wohnt in ...

– .....

Deutsch im Beruf

14 Was können Sie auch sagen? `S. 11`

a) Wie heißen Sie? *– Wie ist Ihr Name?*

b) Kommen Sie aus Bonn? _____

c) Entschuldigen Sie bitte! _____

d) Wie geht's? _____

15 **Antworten** S. 11

Bitte antworten Sie!

Frage: Sie antworten:

a) Was macht das Geschäft? _____

b) Wohnen Sie in Fürth? _____

c) Wo arbeiten Sie? _____

d) Wie ist Ihr Name? _____

e) Entschuldigen Sie bitte! _____

f) Wie geht es Ihnen? _____

g) Kommen Sie aus Bonn? _____

16 **Negation** S. 10/11

Bitte negieren Sie!

Herr Klein arbeitet bei Bayer.   *Herr Klein arbeitet nicht bei Bayer.*

a) Arbeiten Sie heute? _____

b) Herr Stromberg ist am Flughafen. _____

c) Geht es Ihnen gut? _____

d) Gehen Sie bitte zum Chef! _____

e) Hoffentlich ist Frau Stromberg pünktlich. _____

17 **Wortschlangen** bis S. 11

Bitte schreiben Sie die Sätze richtig!

Herr Lang wartet schon.

a) kommtherrstromberghceutenicht? _____

b) herrseidelistschonamflughafen. _____

c) kommensiebittezumchef! _____

d) arbeitetfrauhaberbeilang? _____

e) istdastelefaxauswienschonda? _____

f) wosindfrauhaberundherrklein? _____

g) wannkommtfrauschneider? _____

18 **Dialoge** `bis S. 11`

Bitte schreiben Sie 5 Dialoge!

Kommt Herr Klein heute nicht?

Nein, ich wohne in Leipzig.

Nein, das ist Herr Seidel.

Entschuldigen Sie, sind Sie Frau Schneider?

Bei Siemens.

Wohnen Sie in Dresden?

Doch, er kommt heute Mittag zurück.

Ist das da drüben Herr Stromberg?

Wo arbeiten Sie?

Nein, mein Name ist Haber.

a) ▲ *Kommt Herr Klein heute nicht?* _____
   ■ _____

b) ▲ _____
   ■ _____

c) ▲ _____
   ■ _____

d) ▲ _____
   ■ _____

e) ▲ _____
   ■ _____

19 **Buchstabieren** `S. 12`

1. *Bitte ergänzen Sie!*

▲ Wie heißen Sie?
■ Jane Duffy.

▲ Wie bitte? Buchstabieren Sie bitte!
■ *jott –* _____

2. *Bitte fragen Sie!*

20 **»der«, »das« oder »die«?** `bis S. 13`

Bitte schreiben Sie!

Frau, Geschäft, Verwaltung, Chef, Flughafen, Stadt, Name, Sekretärin, Büro, Mann, Eingang, Ingenieur, Firma, Vorwahl, Herr, Werk, Straße, Parkplatz, Werkhalle, Zweigwerk, Vertreter, Telefax, Versand, Hauptwerk

↓ der	↓ das	↓ die *Frau*
_____	_____	_____
_____	_____	_____
_____	_____	_____
_____	_____	_____

21 **Die Firma Lang** `S. 12/13`

Bitte antworten Sie!

A Ist das der Eingang?   *Nein, das ist* _____

B Ist das der Versand?   _____

C Ist das die Firma?   _____

D Ist das das Zweigwerk?   _____

E Ist das die Stadt?   _____

22 **Verben**   `bis S. 13`

Bitte ergänzen Sie die Verben!

a) ▲ Wie *heißen* Sie? ■ Mein Name _____ Winter.

b) ▲ _____ Sie bei Lang? ■ Nein, ich _____ bei Esso.

c) ▲ Fürth _____ in Bayern. Das Werk in Fürth _____ alt.

d) ▲ Frau Haber _____ in Fürth. Sie _____ bei Lang.

e) ▲ Der Chef _____ Konrad Lang. Er _____ auch in Fürth.

f) ▲ Ich _____ hoffentlich pünktlich. _____ Herr Seidel schon da?

g) ▲ Seit wann _____ Sie wieder da, Herr Klein? ■ Seit heute Mittag.

h) ▲ Was _____ das Geschäft, Herr Lang? ■ Danke, es _____ .

23 **Zahlen**   `S. 14`

Bitte schreiben Sie!

a)   1   +   2   =
   eins   *plus*   _____   *gleich*   *drei*

b)   5   +   1   =
   _____ _____ _____ _____ _____

c)   10   −   3   =
   _____ *minus* _____ _____ _____

d)   9   −   1   =
   _____ _____ _____ _____ _____

e)	4	+	4	=		
f)	10	x _mal_	10	=		
g)	10	x	100	=		
h)	8	: _geteilt durch_	4	=		
i)	10	:	2	=		

24 Am Telefon `S. 14`

Bitte ergänzen Sie!

Version 1:

▲ Ja, Winter.

■ Wer ist da bitte?

▲ _Winter_

■ Ist da nicht 7398456?

▲ Doch, _____

■ In Frankfurt?

▲ _____

■ Oh, Entschuldigung!

▲ _____

■ Auf Wiederhören!

▲ _____

Version 2:

▲ Ja, Haber.

■ Wer ist da bitte?

▲ _____

■ Ist da nicht 637498?

▲ Nein, _____

■ Oh, Entschuldigung!

▲ _____

■ Auf Wiederhören!

▲ _____

25 Welches Wort passt nicht? `bis S. 14`

Lang, Klein, ~~Firma~~, Haber.

a) Wien, Bayern, Düsseldorf, Fürth.

b) Werk, Fabrik, Eingang, Firma.

c) pardon, Entschuldigung, tschüs, Verzeihung.

d) Sekretärin, Ingenieur, Mitarbeiter, Vertreter.

e) Siemens, Zürich, Lufthansa, Daimler.

f) Büro, Straße, Lager, Verwaltung.

g) sechs, vier, neu, hundert.

h) tschüs, auf Wiedersehen, keine Ursache, auf Wiederhören.

i) ich, wir, bei, Sie.

k) da, wo, woher, wie.

l) Vorwahl, Büro, Telefonnummer, Zahl.

1 **Präsens von »haben«**　S. 17

Welche Form passt?

	Habe	Hat	Haben	
	○	X	○	Herr Lang das Telefax?
a)	○	○	○	ich Ihre neue Telefonnummer schon?
b)	○	○	○	die Firma Sturm eine M-CC-1?
c)	○	○	○	wir die Maschine?
d)	○	○	○	ich Ihr Telefax schon?
e)	○	○	○	Sie die Vorwahl von Leipzig, Frau Haber?
f)	○	○	○	die Firma ein Lager?
g)	○	○	○	Frau Haber und Herr Klein heute Mittag Zeit?
h)	○	○	○	Sie meine Nachkalkulation, Herr Lang?
i)	○	○	○	die Firma Lang ein Zweigwerk in Sulzbach?

2 **Wie heißt der Plural?**　S. 17/18

Bitte schreiben Sie den Plural!

die Zahl –　*die Zahlen*

a) das Lager –
b) die Fabrik –
c) das Hauptwerk –
d) die Werkhalle –
e) die Firma –
f) der Preis –
g) das Geld –
h) der Chef –
i) das Problem –
k) die Lösung –
l) die Kalkulation –
m) das Geschäft –
n) die Messe –
o) das Büro –
p) das Konto –

3 **»Ein«, »eine«; »kein«, »keine«: Unbestimmter Artikel und Negativartikel**　S. 18

Bitte antworten Sie!

Ⓐ Ⓐ Ist das ein Mann? (Frau)　*Nein, das ist kein Mann, das ist eine Frau.*

Ⓑ Ist das ein Büro? (Fabrik)

Ⓒ Sind das Telefone? (Maschinen)　Nein, das sind

4 Unsere Firma S. 18

Bitte ergänzen Sie die Possessivartikel!

1. Das ist Herr Lang, der Firmenchef. Er sagt:

Das ist _meine_ Firma.

Frau Haber und Herr Klein sind _meine_ Mitarbeiter.

Frau Haber ist _____ Sekretärin.

Und hier ist _____ Büro,

_____ Schreibtisch,

_____ Telefon,

_____ Computer.

Und hier sind _____ Maschinen.

Da sind _____ Mitarbeiter und

_____ Kunden.

Und das ist _meine_ Familie.

Das ist _____ Frau,

und das sind _____ zwei Kinder.

Das ist _____ Sohn Martin,

und das ist _____ Tochter Monika.

2. Das ist Frau Haber, die Sekretärin.

Herr Lang ist _ihr_ Chef.

Das ist _____ Büro,

_____ Schreibtisch,

_____ Schreibmaschine,

_____ Computer,

_____ Telefon.

Und da sind _____ Kollegen.

Frau Haber fragt: Herr Lang, ist das _Ihre_ Familie?

Ist das _____ Frau,

und sind das _____ Kinder?

3. Das ist Herr Klein, der Vertreter.

Herr Lang ist _sein_ Chef,

und Frau Haber ist _____ Kollegin.

Das ist _____ Büro,

_____ Schreibtisch,

_____ Schreibmaschine,

_____ Computer,

_____ Telefon.

Und das sind _____ Kunden.

4. Das sind Frau Haber und Herr Klein.

Herr Lang ist _ihr_ Chef.

Das ist _____ Firma.

und das sind _____ Büros.

5. Frau Haber und Herr Klein sagen:

Herr Lang ist _unser_ Chef.

Hier in Fürth ist _____ Hauptwerk,

und in Sulzbach ist _____ Zweigwerk.

5 Possessivartikel · S. 18

Bitte ergänzen Sie die Tabelle!

	der Kunde	das Büro	die Maschine	die Probleme
ich	mein Kunde			
er/es		sein Büro		
sie (Frau Haber)			ihre Maschine	
Sie				
sie (Frau Haber und Herr Klein)				
wir				unsere Probleme

der Arzt
der Bauer
der Koch
die Ärztin
die Bäuerin
die Köchin

6 Studium und Beruf · S. 20-22

1. *Bitte schreiben Sie die Berufe in die Tabelle!*

Studium	Beruf ♂	♂♂ (♂♀)	♀	♀♀
Jura	Jurist	Juristen	Juristin	Juristinnen
a) Chemie				
b) Psychologie				
c) Medizin	**Arzt**	**Ärzte**		
d) Elektrotechnik				
e) Grafik				
f) Informatik	Informatiker oder:		Programmiererin	
g) Betriebswirtschaft	Betriebswirt			
h) Ingenieurwissen- schaften				

2. *Jetzt schreiben Sie bitte Sätze!*

Frau Schneider studiert Jura. *Sie wird Juristin.*

a) Wir studieren Betriebswirtschaft. _____

b) Frau Schulte und Frau Molden studieren Psychologie. _____

c) Herr Schneider und Herr Klamm studieren Ingenieurwissenschaften. _____

d) Er studiert Informatik. _____

e) Sie studiert Medizin. _____

f) Frau Seidel jun. studiert Chemie. _____

7 **Die Firma Lang: Organigramm** S. 22

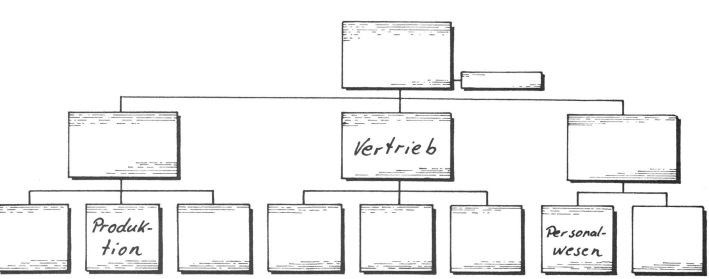

Bitte ergänzen Sie das Organigramm!

Geschäftsleitung
Außendienst
Werbung
Finanzwesen
Fertigung
Chefsekretariat
~~Vertrieb~~
Verwaltung
~~Produktion~~
Marketing
Materialwirtschaft
Forschung und Entwicklung
~~Personalwesen~~

8 **Arbeitsbereiche bei Lang** S. 22

Wie heißt sein/ihr Arbeitsbereich? Nennen Sie bitte Hauptbereich und Arbeitsbereich!

Person	Hauptbereich	Arbeitsbereich
Frau Haber, Chefsekretärin	*Geschäftsleitung*	*Chefsekretariat*
a) Herr Klein, Vertreter		
b) Herr Spät, Produktionsleiter		
c) Frau Maiwald, Personalchefin		
d) Herr Heuberger, Werkstattleiter		
e) Herr Wellmann, Grafiker		
f) Frau Werter, Buchhalterin		

9 Attributives Adjektiv + unbestimmter Artikel   S. 23

Bitte antworten Sie!

Ist die Lösung gut? + _Ja, das ist eine gute Lösung._

Ist das Problem dringend? – _Nein, das ist kein dringendes Problem._

a) Ist die Maschine schnell? + _____

b) Ist die Firma klein? – _____

c) Ist der Betrieb mittelständisch? + _____

d) Ist das Auto neu? + _____

e) Ist der Preis hoch? + _____

f) Ist das Werk in Philadelphia modern? + _____

g) Ist die Maschine teuer? – _____

h) Sind die Mitarbeiter neu?   + _Ja, das sind neue Mitarbeiter._

   – _Nein, das sind keine neuen Mitarbeiter._

i) Sind die Lieferzeiten lang?   + _____

   – _____

k) Sind die Arbeitsbereiche groß? + _____

   – _____

l) Sind die Lösungen richtig?   + _____

   – _____

10 Attributives Adjektiv + bestimmter Artikel   S. 23

Bitte schreiben Sie!

Das Büro ist groß. – _das große Büro_

a) _____ Sekretärin ist neu. – _____

b) _____ Werk ist klein. – _____

c) _____ Computer sind teuer. – _____

d) _____ Schreibtisch ist niedrig. – _____

e) _____ Maschinen sind modern. – _____

f) _____ Antwort ist falsch. – _____

11 Endungen   S. 23

Bitte ergänzen Sie die Endungen!

a) Die Firma Lang ist ein__ mittelständisch__er Betrieb. Sie hat ein____ alt____ Werk in Fürth und ein____
   neu____ Werk in Sulzbach. Seit zehn Jahren hat sie ein____ modern____ Tochterfirma in Philadelphia. D____
   amerikanisch____ Werk heißt Lang-Hastings.

b) Ist das Ihr____ neu____ Werk, Herr Lang? – Ja, das ist unser____ neu____ Fabrik in Sulzbach. Die alt____
   Fabrik ist in Fürth.

c) Ist das Ihr____ neu____ Maschine, Herr Klein? – Ja, das ist unser____ neu____ Prägemaschine, die M-CC-1.

d) Da haben wir jetzt zwei groß____ Probleme, Herr Klein: Das ist ein____ sehr lang____ Lieferzeit und ein sehr hoh____ Preis.

e) Ist das Ihr____ neu____ Schreibmaschine, Frau Haber? – Ja, das ist ein____ sehr gut____ und teur____ Maschine.

f) Das ist ein____ groß____ Problem. Der Produktionsleiter findet sicher ein____ gut____ Lösung.

g) Ich brauche d____ neu____ Vorwahl von Leipzig, Frau Haber. – Hier ist d____ richtig____ Nummer, Herr Lang.

12 Kreuzworträtsel: Berufe und Arbeitsbereiche   S. 20-22

1. Frau Haber: Sie ist … bei Lang.

2. Sie leitet eine Firma.

3. Er fährt Auto.

4. Sie studiert Betriebswirtschaft. Sie wird … .

5. Sie arbeitet im Labor.

6. Er arbeitet im Außendienst.

7. Die Firma Lang hat drei Hauptbereiche: Fertigung, … und Verwaltung.

8. Er studiert Medizin. Er wird … .

9. Sie studiert.

10. Die Verwaltung bei Lang umfasst das Finanzwesen und das … .

11. Die Fertigung umfasst: Forschung und Entwicklung, … und Materialwirtschaft.

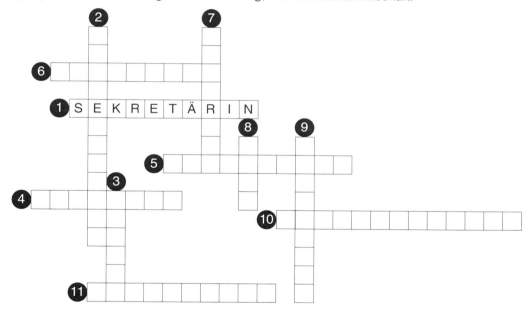

13 Ihre Firma   bis S. 22

Bitte schreiben Sie!

Wo arbeiten Sie?

Wo ist Ihre Firma?

Wie heißt Ihr Chef?

Wer sind Ihre Kolleginnen und Kollegen?

Was ist Ihr Aufgabenbereich?

…

Ich arbeite bei…

14 ⬡ + ⬡   S. 23

1. *Bitte bilden Sie neue Wörter!*

Werkstatt	Zimmer
Tochter	Lehrerin
Chef	Wesen
Material	Leiter
Personal	Firma
Absatz	Wirtschaft
Chemie	Zahlen

der Chef + das Zimmer → das Chefzimmer

Ebenso:

Frau	Lehrerin
Maschine	Ärztin
Fremdsprache	Leitung
Firma	Fabrik

die Frauen + die Ärztin → die Frauenärztin

2. *Finden Sie neue Wörter!*

Produktion	Wirtschaft
Geschäft	Gebäude
Arbeit s	Leitung
Betrieb	Bereich
Verwaltung	Abteilung

die Produktionsleitung
der Produktionsbereich

15 ⬡ + ⬡   S. 23

Bitte bilden Sie Wörter mit -leiter/in!

Er leitet die Produktion → *der Produktionsleiter*

a) Sie leitet die Abteilung → _____

b) Sie leiten das Werk → _____

c) Er leitet die Werkstatt → _____

d) Sie leitet die Personalabteilung → _____

e) Sie leiten die Verwaltung → _____

16 S. 23

Wie viele neue Wörter finden Sie?

Zahl(en)	Maschine	Wirtschaft	Verwaltung	Hotel	
Betrieb	Chemie	Fabrik	Lehrerin		Halle
Geschäft		Material		Werkstatt	Gebäude
Zimmer	Fremdsprache		Abteilung		
Sekretärin	Produktion	Absatz	Chef	Personal	Leitung
	Bereich				

die Betriebswirtschaft,

 17 S. 23

Bitte trennen Sie und suchen Sie das Substantiv!

Fremd/sprache   *die Sprache*

a) Liefer/zeit _____

b) Hauptwerk _____

c) Hauptbereich _____

d) Elektroingenieurin _____

e) Elektrotechniker _____

f) Finanzwesen _____

g) Parkplatz _____

h) Kauffrau _____

i) Kaufmann _____

k) Prägemaschine _____

l) Prägewerkzeug _____

m) Prägefolie _____

n) Abrollmaschine _____

o) Außendienst _____

p) Mitarbeiter _____

 18 S. 23

Bitte schreiben Sie die Sätze richtig!

in Dormann Herr München seit ist heute Morgen.

a) in ist Fürth Mittag seit heute Klein Herr.

b) Leipzig in Frau wieder ist Winter.

c) jetzt Schneider Frau studiert Passau in.

d) fährt nach Jäger Frau heute Wien.

e) schon Flughafen am Stromberg ist Herr.

f) Krupp bei arbeitet Harnisch Herr jetzt.

g) heute seit Frau München wohnt Seidel in.

Herr Dormann	ist	seit heute Morgen	in München.
a)			
b)			
c)			
d)			
e)			
f)			
g)			

19 | Wie viel Uhr ist es?

S. 24

a) *Es ist ein Uhr.*

b) _____

c) _____

d) _____

e) _____

f) _____

a)   b)   c)   d)   e)   f)

20 | Was kostet das?

S. 25

Man spricht:

a)

b)

c)

Das kostet zehn Mark.

_____

_____

_____

d)

e)

f)

g)

h)

_____

_____

_____

_____

_____

21 | Wie alt ist...?

S. 24/25

(Maschine: 3) *Wie alt ist die Maschine? - Sie ist drei Jahre alt.*

a) (Hotel: 14) _____

b) (Firma: 10) _____

c) (Fabrik: 13) _____

d) (Verwaltungsgebäude: 15) _____

e) (Schreibtisch: 8) _____

f) (Computer: 4) _____

22 **Pluralbildung** Lektion 1 und 2

Bitte ergänzen Sie die Tabelle!

Tag, Mitarbeiter, Bote, Auto, Sekretärin, Kleid, Preis, Problem, Lager, Maschine, Lieferzeit, Kalkulation, Produktionsleiter, Lösung, Kind, Frau, Hotel, Buchhalterin, Psychologe, Betriebswirt, Fremdsprache, Mensch, Studentin, Betrieb, Werk, Fabrik, Werkzeug, Familie, Arbeitsbereich, Entwicklung, Zimmer, Gebäude, Münze, Banknote, Blume, Absender, Adresse, Fahrschein, Zahl, Büro, Name, Herr, Verwaltung, Schreibtisch, Computer, Kollege, Juristin

–	-e	-(e)n
die Mitarbeiter	*die Tage*	*die Boten*

-nen	-er	-s
die Sekretärinnen	*die Kleider*	*die Autos*

1 **Rechtschreibung: »i« oder »ie«?** S. 27/28

Bitte ergänzen Sie den folgenden Text!

Herr Klein: Herr Spät, w__r brauchen dr__ngend noch eine M-CC-1.

W__ lang __st d__e L __ferzeit jetzt?

Herr Spät: Normalerweise v__r Monate.

Herr Klein: Das __st zu lang. Unser Kunde braucht die Masch__ne vorher.

Geht es v__lleicht auch __n acht Wochen?

Herr Spät: Das weiß ich nicht. Es g__bt ein Problem.

Es ist kein Steuerungsmodul auf Lager.

Herr Klein: Aber d__ Fertigung …?

Herr Spät: Ja, das geht __n acht Wochen.

2 **Akkusativ** S. 30

Bitte schreiben Sie!

	—	-(e)n
Frau Winter begrüßt (Chef)	*den Chef*	
Sie begrüßt (Kunde)		*den Kunden*
(Abteilungsleiter)		
(Student)		
(Betriebswirt)		
(Maschinist)		
(Lehrer)		
(Arzt)		
(Messerepräsentant)		
(Vertreter)		
(Präsident)		
(Geschäftsführer)		
(Spezialist)		
(Psychologe)		
(Herr)		

3 **Verben mit Akkusativergänzungen** S. 30/31

Bitte bilden Sie Sätze!

Die Firma Die Geschäftsführerin	begrüßen besuchen brauchen exportieren fragen haben	Herr Spät Prägemaschinen Bote Telefax Firma Hannover Messe

Herr Klein	kennen	Kollege
Frau Haber	leiten	Mitarbeiterin
es	schicken	Kunde
	geben (gibt)	Maschine
		Sekretärin
		Problem

Die Firma braucht eine Maschine.

4   **Nominativ und Akkusativ: »wer«, »wen« oder »was«?**   S. 27/30

Nominativ   Akkusativ

Wer ist auf Bild 1?   *Wen* sehen Sie auf Bild 1?

Das ist Herr Spät.   *Ich sehe Herrn Spät.*

_____ ist auf Bild 2?   _____ sehen Sie auf Bild 2?

_____ ist auf Bild 3?   _____ sehen Sie auf Bild 3?

_____ ist auf Bild 4?   _____ sehen Sie auf Bild 4?

Das sind _____

_____ ist auf Bild 5?   _____ sehen Sie auf Bild 5?

_____ ist auf Bild 6?   _____ sehen Sie auf Bild 6?

| 5 | »wen« oder »was«? | S. 30 |

Bitte fragen Sie!

▲ Ich suche Herrn Lang. ■ *Wen suchen Sie?* ▲ Herrn Lang, den Firmenchef!

a) ▲ Die Firma Sturm braucht eine neue Maschine. ■ _____?

▲ Eine neue Prägemaschine!

b) ▲ Sie kennt Herrn Harnisch nicht. ■ _____?

▲ Herrn Harnisch von Krupp!

c) ▲ Ich suche das Chefsekretariat. ■ _____?

▲ Das Chefsekretariat!

d) ▲ Ich schicke ein Telefax nach Wien. ■ _____?

▲ Ein Telefax!

e) ▲ Herr Klein besucht heute die Kunden aus Frankfurt. ■ _____?

▲ Die Kunden aus Frankfurt!

| 6 | »Kennen« + Akkusativ | S. 30/31 |

Frau Seidel ist eine neue Mitarbeiterin bei Lang. Sie kommt zum Chef.

▲ Guten Tag, Frau Seidel. Kennen Sie Frau Haber, meine Sekretärin, schon?

■ Ja, Frau Haber kenne ich schon.

/Herr Klein, Vertreter/

▲ Kennen Sie Herrn Klein, unseren Vertreter, schon?

■ Nein, *Herrn Klein kenne ich noch nicht.*

Fragen und antworten Sie ebenso:

a) /Herr Spät, Abteilungsleiter Prägemaschinen/

▲ _____?

■ Nein, _____

b) /Frau Maiwald, Personalchefin/

▲ _____?

■ Ja, _____

c) /Herr Heuberger, Werkstattleiter/

▲ _____?

■ Nein, _____

d) /Herr Baumann, Ingenieur/

▲ _____?

■ Ja, _____

7 **Kennen Sie die Personen?** S. 30/31

①

③

④

⑤

②

○ Andreas Opitz, Ingenieur
○ Simone Baldini, Tennisspielerin
○ Willi König, Bauer
○ Helmut Hoffmann, Lehrer
○ Dr. Sabine Laatsch, Ärztin

Fotos: A. I. D., Bonn (4); D. Balduin (3); M. Seifert (1); MEV (2, 5)

1. *Bitte fragen Sie Ihren Nachbarn/Ihre Nachbarin!*

Mögliche Fragen:	Mögliche Antworten:
Kennen Sie den Mann auf Bild 1?	Ja, den Mann auf Bild 1 kenne ich.
	Ja, ich kenne den Mann auf Bild 1.
	Nein, den Mann auf Bild 1 kenne ich nicht.
Wer ist die Frau auf Bild 3?	Das ist .....
	Das weiß ich nicht.
Was ist die Frau auf Bild 3 von Beruf?	Sie ist ...... von Beruf.

2. *Jetzt schreiben Sie bitte!*

Bild 1:   Den Mann auf Bild 1 | kenne ich.

| kenne ich nicht.

Das ist _____

Er ist _____ von Beruf.

Bild 2:   _____

8 **Wer ist die Frau auf Bild 2? Wissen Sie es?** S. 29

Ein Gespräch im Unterricht

Bitte ergänzen Sie die Formen von »wissen«!

▲ Wer ist die Frau auf Bild 2? *Wissen* Sie das, Herr Blessing? Ich _____ es nicht.

■ Hm, das _____ ich auch nicht. Die Frau kenne ich nicht. Vielleicht _____ es Frau Cole.

▲ Frau Cole, wer ist das auf Bild 2? _____ Sie das? Wir _____ es nicht.

Wissen ist Macht.
Ich weiß nichts.
Macht nichts.

● Nein, Herr Blessing, das _____ ich auch nicht. Eine bekannte Person ist es nicht, das _____ ich. Fragen wir unsere Lehrerin, Frau Kaiser! Frau Kaiser, wer ist die Frau auf Bild 2? _____ Sie das? Herr Pinter und Herr Blessing _____ es nicht, und ich _____ es auch nicht.

✦ Ja, das _____ ich. Das ist Simone Baldini, eine Tennisspielerin aus Mailand.

● Ach so, vielen Dank!

9 Nicht/kein/nichts   `S. 31`

Bitte schreiben Sie die Antworten!

Hören Sie etwas? - Nein, *ich höre nichts.* _____

a) Ist ein Steuerungsmodul auf Lager? - Nein, es ist _____

b) Brauchen Sie eine M-CC-1? - Nein, wir _____

c) Braucht die Firma die Maschine dringend? - Nein, _____

d) Sehen Sie etwas? - Nein, _____

e) Fahren Sie heute nach Salzburg? - Nein, _____

f) Telefoniert Frau Haber nach München? - Nein, _____

g) Haben Sie einen Fahrschein? - Nein, _____

h) Kennen Sie den Psychologen Link? - Nein, _____

i) Kennen Sie einen guten Arzt? - Nein, _____

k) Schicken Sie etwas nach Frankfurt? - Nein, _____

l) Ist die Lieferzeit sehr lang? - Nein, _____

10 ⬡—⬡—⬡   `bis S. 32`

Bitte schreiben Sie folgende Sätze in die Tabellen!

~~Das Telefax schicke ich am Dienstag.~~ / ~~Ich lese die Geschäftspost vormittags.~~ / ~~Heute schreibe ich den Brief nicht.~~ / Wir brauchen eine neue Maschine. / Seit 10 Uhr suche ich sie im Büro. / Das weiß ich nicht. / Ich weiß es nicht. / Am Dienstag besucht Herr Klein die Hannover Messe. / Herrn Möllemann kenne ich nicht. / Es gibt ein Problem. / Morgen feiert sie ihren Geburtstag. / Das Modul brauchen wir nicht. / Die Fertigung dauert einen Monat. / Den Kunden in Wien besucht unser Vertreter am Mittwoch. / Herr Spät leitet die Abteilung Prägemaschinen. / Morgen sehe ich Frau Haber bei Lang.

1.

Nominativ	Verb	Akkusativ	
Ich	lese	die Geschäftspost	vormittags.

2.

Akkusativ	Verb	Nominativ	
Das Telefax	*schicke*	*ich*	*am Dienstag.*

3.

	Verb	Nominativ	Akkusativ	
Heute	*schreibe*	*ich*	*den Brief*	*nicht.*

 11 **Der Wochenplan**   S. 32

1. *Herr Klein macht seinen Wochenplan:*

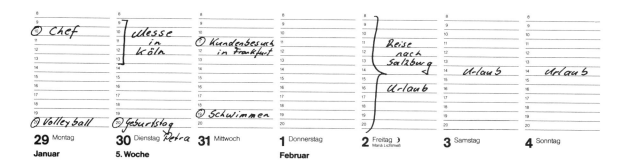

a) Was macht Herr Klein am Montag um 10 Uhr?

am Dienstagvormittag?

am Dienstagabend?

am Mittwoch um 11 Uhr?

am Freitag, Samstag und Sonntag?

b) Wann treibt Herr Klein Sport?

Bitte schreiben Sie ganze Sätze und benutzen Sie folgende Verben:

nach Salzburg reisen

Urlaub machen/haben

zum Chef gehen

Sport treiben

Volleyball spielen

Geburtstag von Petra feiern

Kunden besuchen

schwimmen gehen (geht schwimmen)

Messe besuchen

Am Montag um 10 Uhr geht

 2. Ihr Wochenplan

Jetzt machen Sie Ihren Wochenplan!

Bitte schreiben Sie ganze Sätze!

Am Montagmorgen ...

12 **Frau Haber hat ein neues Büro**
`S. 30/34`

1. Frau Haber hat ein neues Büro.

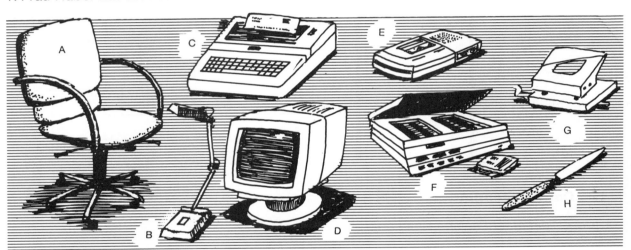

Sie hat einen neuen Schreibtisch.

A *Sie hat*

B _____

C _____

D _____

E _____

F _____

G _____

H _____

 2. Ihr Büro

Wie ist Ihr Büro? Was haben Sie? Was haben Sie nicht?

Bitte schreiben Sie!

13 **Der InterCityExpress** S. 35

Bitte ergänzen Sie den Text! Benutzen Sie die richtigen Verbformen!

wohnen   nehmen   betragen (beträgt)   ~~benutzen~~   führen
geben (es gibt)   verbinden   brauchen   geben (es gibt)   fahren (fährt)   vorhanden sein   brauchen

Viele Geschäftsleute **benutzen** heute den InterCityExpress. Den ICE _____ seit 1991.
Er _____ sehr schnell und _____ die großen Städte. Er _____ keine
acht Stunden von Hamburg Hauptbahnhof nach München.
_____ Sie in Hannover? Sind Ihre Ziele Frankfurt/Main, Mannheim, Stuttgart oder München?
Dann _____ Sie den ICE! Die Fahrzeit von Hannover nach Mannheim _____ etwa drei
Stunden, und von Hannover nach München _____ der ICE sechs Stunden. Der Zug _____
ein „Bordrestaurant". Auch ein Telefaxgerät und eine Schreibmaschine _____. Ein Telefon
_____ natürlich auch.

14 **Wie viel Uhr ist es?** S. 32/36

Bitte schreiben Sie die offizielle Uhrzeit!

morgens: `10:20` Man schreibt: *10.20 Uhr*   Man spricht: *Zehn Uhr zwanzig* ✓

mittags:
a) `12:00` _____ _____
b) `13:45` _____ _____

nachmittags:
c) `16:30` _____ _____
d) `14:25` _____ _____

abends:
e) `18:05` _____ _____
f) `21:55` _____ _____
g) `20:15` _____ _____
h) `19:30` _____ _____

nachts:
i) `0:00` _____ _____
k) `1:30` _____ _____

15 Ein Tag von Frau Winter S. 32/36

Was macht Frau Winter am Montag?

 Bitte schreiben Sie!

Um 7.30 Uhr schwimmt Frau Winter. Um ... sie.

16 Die Deutsche Bahn S. 36

Bonn Hbf → Hannover Hbf
350 km

ab	Zug		Umsteigen	an	ab	Zug		an	Verkehrstage	
3.52	IC	922	Düsseldorf Hbf	4.44	5.32	ICE	843	✕	8.04	täglich	
5.10	D	202	Düsseldorf Hbf	6.06	6.29	IC	543	✕	9.02	Sa, So	
5.26	SE	3502	Köln Hbf	5.56	6.05	IC	543	✕	9.02	Mo - Fr	01
5.59	D	1510	Düsseldorf Hbf	6.52	7.19	IR	2447	⑪	10.19	täglich	
6.05	RB	5503	Köln Hbf	6.34	6.49	IR	2447	⑪	10.19		02
6.05	RB	5503	Köln Hbf	6.36	6.49	IR	2447	⑪	10.19		03
6.45	IC	545	Dortmund Hbf	8.20	8.31	ICE	845	✕	10.04	täglich	
7.24	IR	2335	⑪ Köln Hbf	7.46	8.10	IC	645	✕	11.02	Mo - Fr	
7.27	RB	3510	Köln Hbf	7.59	8.10	IC	645	✕	11.02	Sa, So	
7.30	ICE	820	⑪ Köln Hbf	7.51	8.10	IC	645	✕	11.02	Mo - Fr	
8.24	IR	2312	⑪ Duisburg Hbf	9.25	9.38	IR	2643	⑪	12.19	täglich	
8.45	ICE	847	✕						12.04	täglich	
9.39	IC	506	✕						13.02	Mo - Fr	
9.45	IC	826	✕ Dortmund Hbf	11.20	11.27	IC	506	✕	13.02	täglich	
10.24	IR	2310	⑪ Duisburg Hbf	11.25	11.38	IR	2449	⑪	14.19	täglich	

01 = nicht 3. Okt
02 = 2. Jun bis 26. Sep Mo - Fr
03 = 29. Sep bis 12. Dez Mo - Fr; nicht 3. Okt
04 = nicht 3. Okt; auch 2. Okt

Hannover Hbf → Bonn Hbf
350 km

ab	Zug		Umsteigen	an	ab	Zug		an	Verkehrstage	
11.40	IR	2646	⑪ Duisburg Hbf	14.18	14.33	IR	2311	⑪	15.28	Mo - Fr	
11.40	IR	2646	⑪ Duisburg Hbf	14.18	14.33	IR	2311	⑪	15.30	Sa, So	
11.58	ICE	942	✕ Dortmund Hbf	13.31	13.40	IC	621	✕	15.12	täglich	
12.58	IC	605	✕ Dortmund Hbf	14.34	14.38	IC	823	✕	16.12	täglich	
12.58	IC	605	✕						16.18	täglich	
13.22	IC	1146	Hagen Hbf	15.45	16.01	IC	523	✕	17.12	Fr	02
13.40	IR	2642	⑪ Duisburg Hbf	16.18	16.33	IR	2313	⑪	17.28	Mo - Fr	
13.40	IR	2642	⑪ Duisburg Hbf	16.18	16.33	IR	2313	⑪	17.30	Sa, So	
13.54	IC	1142	Duisburg Hbf	16.32	16.49	IC	517	✕	17.45	Fr	02
13.58	ICE	940	✕ Dortmund Hbf	15.31	15.40	IC	523	✕	17.12	täglich	
14.58	IC	505	✕ Dortmund Hbf	16.34	16.38	IC	625	✕	18.12	täglich	
14.58	IC	505	✕						18.18	täglich	
15.40	IR	2640	⑪ Duisburg Hbf	18.18	18.33	IR	2315	⑪	19.28	Mo - Fr	
15.40	IR	2640	⑪ Duisburg Hbf	18.18	18.33	IR	2315	⑪	19.30	Sa, So	
15.58	ICE	848	✕ Düsseldorf Hbf	18.20	18.27	IC	629	✕	19.12	täglich	
16.58	IC	607	✕ Dortmund Hbf	18.34	18.38	IC	827	✕	20.12	täglich	
16.58	IC	607	✕						20.18	Mo - Fr	
17.40	IR	2448	⑪ Köln Hbf	21.11	21.29	SE	3565		21.53	Mo - Fr	
17.48	IC	1648	⚲ Bochum Hbf	19.35	19.50	IC	509	✕	21.12	Fr	02

1. Es ist Freitag. Sie kommen aus Bonn und besuchen die Hannover Messe. Ein Kunde erwartet Sie um 12.30 Uhr am Hauptbahnhof in Hannover. Sie nehmen den IC oder den ICE.

   a) Wann fahren Sie? _____

   b) Notieren Sie die Ankunftszeit in Hannover! _____

   c) Ist Umsteigen notwendig? _____

   d) Hat der Zug ein Zugrestaurant? _____

2. Es ist Samstag. Sie fahren von Hannover zurück nach Bonn. Um 21.00 Uhr haben Sie eine Geburtstagsfeier in Bonn.

   a) Wann fahren Sie? _____

   b) Notieren Sie die Ankunftszeit in Bonn! _____

   c) Wie lange dauert die Fahrt etwa? _____

   d) Ist Umsteigen notwendig? _____

3. Wie viele Züge fahren nicht werktags von Bonn nach Hannover? _____

_____

17   Im Hotel   S. 37

1. *Bitte ordnen Sie die Sätze und schreiben Sie einen Dialog!*

Guten Tag.   Mit Frühstück?   Ich zahle bar.   140,-DM.   Hier ist das Anmeldeformular und Ihr Schlüssel. Wie zahlen Sie?   Möchten Sie ein Zimmer mit Bad oder mit Dusche?   Was kostet es?   Ein Einzel- oder ein Doppelzimmer?   Ich bleibe zwei Tage.   Ein Einzelzimmer.   Gut, ich nehme das Zimmer.   Ja, wir haben noch ein Zimmer. Es ist Zimmer 220.   Wie lange bleiben Sie?   Ich möchte ein Zimmer, bitte!   Mit Dusche, bitte.   Ja, Frühstück inklusive.   In Ordnung. Ich notiere das. Angenehmen Aufenthalt!   Guten Tag.

▲ *Guten Tag.* _____

■ *Guten Tag.* _____

2. *Jetzt schreiben Sie bitte einen weiteren Dialog und spielen Sie ihn im Kurs!*

Sie sind im Hotel. Sie möchten ein Doppelzimmer mit Bad. Sie bleiben vier Tage. Es gibt noch ein Zimmer mit Bad. Es ist Zimmer 80 und kostet 210,- DM, Frühstück inklusive. Sie nehmen das Zimmer. Sie zahlen bar.

▲ *Guten Tag. Ich möchte* _____

18   Jahreszahlen   S. 38

Bitte schreiben Sie die Zahlen in Buchstaben!

Hier sind die Namen und Daten von bekannten Personen.

a) Johann Wolfgang von Goethe, Dichter (1749-1832)

   siebzehnhundertneunundvierzig bis _____

b) Ludwig van Beethoven, Komponist (1770-1827)

_____

c) Romy Schneider, Schauspielerin (1938-1982)

_____

19 Ländernamen   S. 38

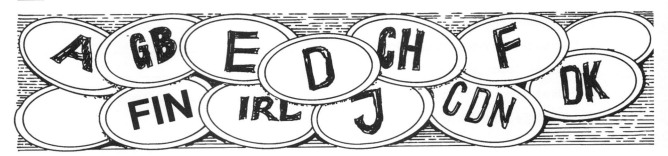

Was bedeuten die Abkürzungen? Bitte schreiben Sie!

D = Deutschland

20 Exportzahlen   S. 38

1. Bitte schreiben Sie Fragen und Antworten zur Tabelle auf S. 38 im Lehrbuch!

GB (1990)

▲ *Für wie viel Mrd. Dollar exportiert Großbritannien 1990?*

■ *Großbritannien exportiert 1990 für 185,3 Mrd. Dollar.*

a) NL (1990)   b) CDN (1990)   c) A (1994)   d) CH (1994)

e) E (1985)   f) DK (1985)   g) GR (1980)   h) P (1980)

2. Bitte schreiben Sie Aussagesätze!

IRL (1985–1990)

Der Export von Irland steigt von 10,4 Mrd. Dollar im Jahr 1985 auf 23,8 Mrd. Dollar im Jahr 1990.

a) N (1975–1985)   b) D (1990–1994)   c) I (1980–1990)

d) FIN (1970–1994)   e) F (1985–1990)   f) DK (1970–1980)

21 ◇–◯–◇   bis S. 38

Bitte schreiben Sie die Sätze anders!

Wir kennen <u>Herrn Klein</u> schon. – *Herrn Klein kennen wir schon.*

a) Die Firma exportiert <u>Prägemaschinen</u> seit 1995. – _____

b) Es gibt <u>den ICE</u> seit 1991. – _____

c) Er ist <u>seit heute Mittag</u> wieder da. – _____

d) Der IC braucht <u>etwa sechs Stunden</u> von Bonn nach Paris. – _____

e) Japan exportiert <u>1994</u> für 397,0 Mrd. Dollar. – _____

f) Das Mitropa-Team erwartet Sie <u>dort</u>. – _____

1 **Bestellnummern lesen** S. 39/40

1. *Bestellen Sie bitte! Benutzen Sie das Bestellformular!*

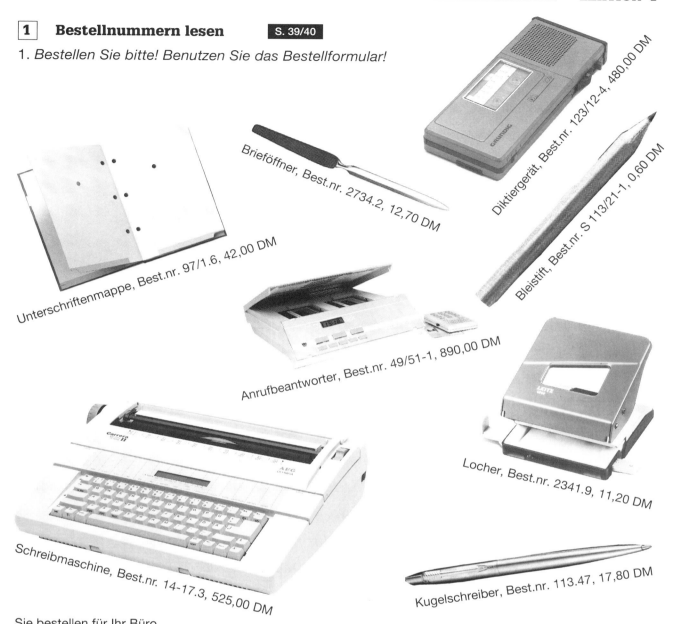

Brieföffner, Best.nr. 2734.2, 12,70 DM

Diktiergerät, Best.nr. 123/12-4, 480,00 DM

Bleistift, Best.nr. S 113/21-1, 0,60 DM

Unterschriftenmappe, Best.nr. 97/1.6, 42,00 DM

Anrufbeantworter, Best.nr. 49/51-1, 890,00 DM

Locher, Best.nr. 2341.9, 11,20 DM

Schreibmaschine, Best.nr. 14-17.3, 525,00 DM

Kugelschreiber, Best.nr. 113.47, 17,80 DM

Sie bestellen für Ihr Büro

Stück	Best.nr.	Artikel	Preis
5	113.47	Kugelschreiber	17,80

2. *Wie bestellen Sie telefonisch? Bitte schreiben Sie!*

fünf Kugelschreiber, Bestellnummer hundert-
dreizehn Punkt siebenundvierzig, zu ...

2 Rechtschreibung　S. 40

Was ist falsch? - Korrigieren Sie bitte!

a)　wonen, komen, sontags, Fohrschung　　*wohnen*

b)　gants, bereiz, jezt, benutsen　　_____

c)　sehn, Volkswagn, Diesl, gehn　　_____

3 Akkusativ der Personalpronomen　S. 42

1. Bitte ergänzen Sie!

Herr Lang sucht Frau Haber, aber er findet ___*sie*___ nicht.

a)　Die Mitarbeiter sehen Herrn Zeller, aber sie begrüßen _____ nicht.

b)　Herr Spät bestellt ein Steuerungsmodul, aber Siemens liefert _____ nicht.

c)　Siemens erwartet ein Telefax aus Paris, aber die Firma schickt _____ nicht.

d)　Frau Jäger hat eine Schreibmaschine, aber sie benutzt _____ nicht.

e)　Frau Winter schickt ein Telefax, aber wir lesen _____ nicht.

f)　Herr Klein hat den Katalog von Siemens, aber er braucht _____ nicht.

2. Bitte fragen Sie!

Frau Hellmann ist wieder da.　　*Haben Sie gerade Zeit für sie?*

a)　Herr Spät ist wieder da.　　_____

b)　Ich bin wieder da.　　_____

c)　Herr und Frau Klein sind wieder da.　　_____

d)　Frau Malotky ist wieder da.　　_____

e)　Wir sind wieder da.　　_____

3. Bitte antworten Sie!

　　▲ Sucht er Sie?　　–　　■ Ja, *er sucht mich.*_____

a)　▲ Erwarten Sie ihn?　　–　　■ Ja, _____

b)　▲ Brauchen Sie uns?　　–　　■ Ja, _____

c)　▲ Sehen Sie mich?　　–　　■ Ja, _____

d)　▲ Suchen Sie sie?　　–　　■ Ja, _____

e)　▲ Kennt sie Sie?　　–　　■ Ja, _____

4. Bitte ergänzen Sie!

Da kommt Herr Spät. Kennen *Sie ihn*?

a)　Hier ist der neue Fahrplan. Brauchen _____ _____?

b)　Ja, Herr Lang ist da. Erwartet _____ _____?

c)　Dort sind Herr und Frau Hellmann. Begrüßen _____ _____ nicht?

d)　Herr Klein arbeitet dort. Sehen _____ _____?

e)　Wo ist das Telefax? Bitte suchen _____ _____ !

| 4 | **Substantiv + »für«** | S. 42 |

Was ist richtig? Was ist falsch?

	richtig	falsch
die Bestellnummer für den Parkplatz		X
a) der Rat für die Vorwahlnummer		
b) der Preis für das Steuerungsmodul		
c) ein Telefongespräch für Herrn Lang		
d) ein Telefax für den Akkusativ		
e) die Bestellung für die Telefonnummer		
f) die Rechnung für die Prägemaschine		
g) die Hilfe für den Vertriebsleiter		
h) die Entschuldigung für die Durchwahl von Frau Schneider		

| 5 | **Die Präpositionen »um«, »für«, »gegen« und »durch«** | S. 42/43 |

1. Was passt?

A	Ich protestiere	um einen neuen Vorschlag.	1
B	Der Preis steigt	um die Fabrik.	2
C	Die Firma bittet uns	um 4 % auf 1,80 DM.	3
D	Das Auto fährt	um 3,00 DM auf 17,00 DM.	4
E	Der Dollarkurs sinkt	gegen die hohen Preise.	5

| A + 5 | B + | C + | D + | E + |

2. Was passt?

F	Die Firma Lang wirbt	gegen die Modernisierungsvorschläge.	1
G	Die Geschäftsleitung stimmt	für Prägemaschinen.	2
H	Wir arbeiten	um 3%.	3
I	Die Kollegen sind	durch die Stadt.	4
K	Die Preise für Prägemaschinen sinken	für die Firma Lang.	5
L	Herr Lang geht	für den neuen Abteilungsleiter.	6

| F + | G + | H + | I + | K + | L + |

| 6 | **Die Präposition »ohne«** | S. 43 |

Herr Lang macht eine Geschäftsreise. Er fährt ohne

seine Sekretärin _____ _____

_____ _____ _____

7 **Die Präposition »um«** S. 43

Bitte bilden Sie Sätze!

das ~~Auto~~   der ~~Geschäftsführer~~   Herr Klein   kostet   um den Flughafen   um 1000 DM

um einen Rat   um 12.00 Uhr   fährt   eine M-~~CC-1~~

kommt   bittet

a) Das Auto _____ .

b) _____ eine M-CC-1 _____ ?

c) _____ der Geschäftsführer _____ ?

d) _____ .

8 **Modalverben: »müssen«** S. 44

1. *Was muss Herr Lang am Dienstag machen?*

nach Rom   IC nach Erlangen   Geschäftsführer von Siemens

Telefongespräche   ~~Geschäftspost~~   Briefe

fliegen   nehmen   sprechen   führen   diktieren   lesen

Um 8.00 Uhr muss er die Geschäftspost lesen.

_____

_____

_____

 2. *Und was müssen Sie morgen machen?*

9 **Modalverben: »wollen«** S. 44

1. *Was will Frau Jäger heute machen?*

(2 Stunden telefonieren)   *Frau Jäger will heute zwei Stunden telefonieren.*

a) (gut frühstücken) _____

b) (Frau Malotky sprechen) _____

c) (Herrn Klein etwas fragen) _____

d) (Sport treiben) _____

 2. *Und was wollen Sie heute machen?*

10 **Modalverben: »dürfen«** S. 44

1. Was darf man hier nicht machen?

(rauchen) *Hier darf man nicht rauchen.*

(parken)   a) _____

(schwimmen) b) _____

(überholen) c) _____

2. Fragen und antworten Sie bitte!

Ein Herr fragt Sie: **Sie antworten:**

(rauchen)

Darf man hier rauchen ?   *Nein, hier dürfen Sie nicht rauchen.*

a) (parken)

_____ ?   _____

b) (schwimmen)

_____ ?   _____

c) (überholen)

_____ ?   _____

11 **Modalverben: »sollen«** S. 44

Wie kann man das anders sagen?

„Frau Hellmann, ich brauche den neuen Katalog von   *Frau Hellmann soll den neuen*
Siemens. Suchen Sie ihn doch bitte!"   *Katalog von Siemens suchen.*

a) „Herr Spät, ich komme gleich. Warten Sie bitte!"   _____

b) „Herr Klein, gehen Sie bitte sofort zum Chef!"   _____

c) „Frau Hellmann, bestellen Sie bitte das Steuerungs-   _____
   modul S5/22-18!"   _____

d) „Herr Spät, machen Sie doch bitte einen neuen   _____
   Vorschlag!"   _____

e) „Frau Jäger, fragen Sie bitte Herrn Spät!   _____
   Ich habe keine Zeit."   _____

12 **Modalverben: »können«**   S. 44

1. *Ergänzen Sie bitte!*

Frau Haber soll sofort ein Telefax nach Fürth schicken. Aber sie hat keine Zeit.

Sie kann das Telefax nicht sofort nach Fürth schicken.

a) Frau Hellmann soll heute die Schreibmaschine bestellen. Aber sie ist krank.

b) Der Produktionsleiter soll sofort einen neuen Vorschlag machen. Aber er ist gerade nicht da.

c) Die Firma Lang soll sofort eine M-CC-1 liefern. Aber die Lieferzeit beträgt vier Monate.

d) Frau Haber soll sofort die Auskunft fragen. Aber die Auskunft ist zur Zeit besetzt.

Die Ampel ist rot. Können Sie denn nicht sehen?

2. *Wie kann man das auch sagen?*

Frau Malotky fährt gut. *Sie kann gut fahren.*

a) Frau Jäger schwimmt gut. _____

b) Ich höre nicht gut. _____

c) Herr und Frau Robinson sprechen gut Deutsch. _____

d) Meine Kinder sehen nicht gut. _____

13 **Modalverben: »sollen«, »wollen«, »dürfen«, »müssen« oder »können«?**   S. 44

Wo ist das Telefon? Ich ____*kann*____ es nicht finden.

a) Ich brauche 1 DM. Ich _____ telefonieren.

b) Herr Klein sagt, Sie _____ doch bitte die Rechnung zahlen.

c) _____ ich Sie etwas fragen?

d) Ich _____ sofort den Chef sprechen. Es ist dringend.

e) _____ Sie mit Herrn Klein sprechen, oder _____ ich ihn benachrichtigen?

f) Wir haben keine Zeit. Wir _____ arbeiten.

g) Bei Lang _____ man nicht rauchen.

h) _____ Sie gut schwimmen?

i) Heute ist Sonntag. Herr und Frau Haber _____ nicht arbeiten.

k) Hier _____ Sie nicht laut sprechen.

14 Wortschlange   bis S. 44

Bitte schreiben Sie die Sätze richtig!

Frauhellmannsollbeisiemensinerlangeneinsteuerungsmodulbestellenabersiekenntdiebestellnummernichtsiefragtihrekollegindiekolleginsuchtdienummerimkatalogvonsiemensundgibtsiefrauhellmannjetztmussfrauhellmannnochdietelefonnummervonsiemensfindendannkannsiedasmodulbestellen.

Frau   Hellmann _____

_____

_____

_____

15 Das Steuerungsmodul   bis S. 45

1. Ergänzen Sie bitte!

Herr Spät: Frau Hellmann, ich suche den Katalog von Siemens. _____ ?

Frau Hellmann: Nein. Aber vielleicht hat ihn Frau Haber.

Herr Spät: Dann fragen Sie bitte Frau Haber. Ich brauche dringend _____ für

                 ein Steuerungsmodul _____ eine M-CC-1. Und geben Sie mir gleich auch die

5   Telefonnummer von Siemens, Erlangen!

Frau Hellmann telefoniert.

Frau Hellmann: Hellmann, guten Tag, Frau Haber! _____ ?

Frau Haber: Ja, der Katalog ist hier. Was suchen Sie?

Frau Hellmann: _____

10 Frau Haber: Einen Moment. – Die Nummer ist S5/22-18.

Frau Hellmann: _____ ! _____ !

Frau Haber: Auf Wiederhören!

Frau Hellmann findet die Telefonnummer von Siemens nicht. Sie wählt die Nummer 1 18 33.

Auskunft: Auskunft. Guten Tag!

15 Frau Hellmann: _____ ! _____

Auskunft: Siemens in Erlangen?

Frau Hellmann: Richtig.

Auskunft: Das ist die Nummer 70.

Frau Hellmann: _____

20 Auskunft: Einen Moment. – Die Vorwahl ist 0 91 31.

Frau Hellmann: _____ ! _____ !

Frau Hellmann benachrichtigt Herrn Spät.

Frau Hellmann: Herr Spät, hier ist die Bestellnummer. _____ Sie das Steuerungsmo-

dul bestellen, oder _____ ich es machen?

25 Herr Spät: Vielen Dank, Frau Hellmann. Das mache ich selbst. Sie _____ jetzt gehen. Ich brau-

che _____ nicht mehr.

Frau Hellmann: Danke schön. Die Telefonnummer von Siemens ist 0 91 31/70. Bis morgen dann!

Herr Spät: _____ !

2. *Spielen Sie die folgende Situation bitte im Kurs!*

Sie wollen Ihren Kollegen/Ihre Kollegin anrufen, finden aber seine/ihre Telefonnummer nicht. Fragen Sie die Auskunft!

3. *Schreiben Sie bitte einen Dialog!*

Sie suchen die Telefonnummer von Bayer in Leverkusen, finden sie aber nicht. Fragen Sie die Auskunft!

16 schon – noch nicht, noch – nicht mehr   S. 45

Ergänzen Sie bitte!

Die Mitarbeiter von Lang feiern.

Herr Lang fragt:

Ist Frau Menke noch da?

a) _____ ?

b) _____ ?

c) Ist Herr Meyer noch da?

d) Ist Herr Faber schon da?

e) Sind Herr und Frau Spät noch nicht da?

f) _____?

Frau Haber antwortet:

Nein, Frau Menke ist nicht mehr da.

Nein, Frau Maiwald ist noch nicht da.

Nein, Frau Hellmann ist nicht mehr da.

Nein, _____ .

Nein, _____ .

Doch, _____ .

Doch, Herr Heuberger ist noch da.

17 **Zahlen ab 1000** `S. 46`

Wie spricht man das?

100 000   *(ein) hunderttausend*

a) 1 000 000

b) 2 400 000

c) 2 000 000 000

d) 5 000 000 000 000

18 **Währungen** `S. 47`

Frankreich   *französischer Franc (FF)*

a) die USA   d) Italien

b) Deutschland   e) Großbritannien

c) Japan   f) Schweden

19 **Branchen und Erzeugnisse** `S. 48`

Welche Branche produziert folgende Erzeugnisse?

Prägemaschinen – *der Maschinenbau*   d) Fleisch –

a) BMWs –   e) Schreibtisch-

b) Kleider –   lampen

c) Flugzeuge –   f) Folien –

20 ⬡ + ⬡   `S. 44/48`

Was passt?

A	Straßen-	-industrie	1
B	Textil-	-nummer	2
C	Auslands-	-erzeugnisse	3
D	Maschinenbau-	-fahrzeug	4
E	Ruf-	-gespräch	5

A + (4) *das*   B + ( )

C + ( )   D + ( )

E + ( )

1 **Die Bestellung**   S. 19/49

Bitte lesen Sie den Dialog auf S. 49 im Lehrbuch und machen Sie eine Dialogskizze!

Frau Schneider

Begrüßung

Herr Spät

2 **Urlaubspläne**   S. 51

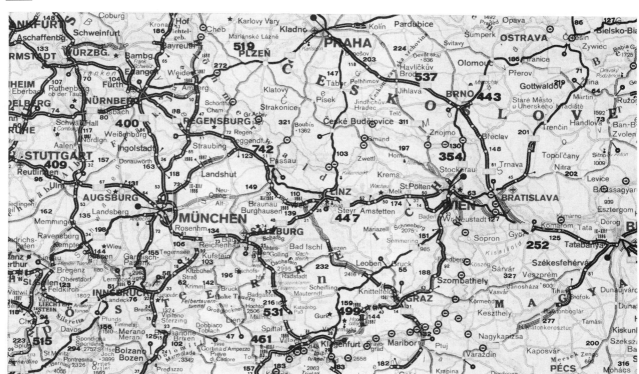

Herr und Frau Schulz aus Potsdam wollen Urlaub machen. Aber sie wissen noch nicht wo. Frau Schulz ist für Österreich, ihr Mann will wieder nach Bayern fahren. Frau Schulz macht Vorschläge:

1. ▲ Ich will nicht wieder nach Bayern fahren! Warum fahren wir nicht nach Innsbruck?

   ■ Wo liegt das denn?

   ▲ Innsbruck liegt im Westen von Österreich, südöstlich von Garmisch-Partenkirchen.

Jetzt machen Sie Vorschläge!

2. ▲ Warum fahren Sie nicht nach Kufstein?

   ■ Wo liegt das denn?

   ▲ Kufstein liegt *südlich von* Rosenheim.

3. Salzburg   4. Bad Ischl   5. Linz   6. Wien   7. Graz   8. Klagenfurt   9. Villach   10. Badgastein

3 **Der Autokauf**   S. 52

die Tür

VW Golf
25 310,- DM
60 PS
4 Zylinder
157 km/h
4türig

man spricht: peh ess

man spricht: Stundenkilometer

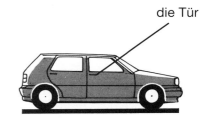

1. *Frau Malotky will einen neuen VW Golf kaufen. Sie fragt den Verkäufer:*

Frau Malotky:

a) *Wie teuer ist der Golf* ?

oder: _____

b) _____ ?

c) _____ ?

d) _____ ?

e) _____ ?

Der Verkäufer:

Er kostet 25 310,– DM.

Er hat 60 PS.

Er hat vier Zylinder.

Er fährt 157 km/h.

Er hat vier Türen.

2. *Sie wollen einen Mercedes kaufen.*

Was fragen Sie?

a) _____ ?

b) _____ ?

c) _____ ?

d) _____ ?

e) _____ ?

Was antwortet der Verkäufer?

Mercedes E 280:
68 080,- DM
204 PS
6 Zylinder
234 km/h
4türig

_____

_____

_____

_____

3. *Jetzt vergleichen Sie die zwei Autos!*

a) *Der Mercedes ist teurer als der Golf.*

oder: *Der Mercedes kostet mehr als der Golf.*

b) Er hat _____

c) _____

d) _____

e) _____

4 Firmenvergleich S. 52

Firma Schreiber

seit 1926
450 Mitarbeiter
3 Zweigwerke
1998: 90 Mio. DM Umsatz

Firma Sommer

seit 1960
150 Mitarbeiter
1 Zweigwerk
1998: 24 Mio. DM Umsatz

Bitte vergleichen Sie die zwei Firmen!

Die Firma Schreiber ist älter als die Firma Sommer. Sie

_____

_____

_____

_____

5 Stimmt das? `bis S. 52`

Der Golf fährt schneller als der Mercedes.

Nein, der Golf fährt langsamer als der Mercedes.

a) Rom liegt nördlicher als München.

b) Hoechst hat genauso viele Mitarbeiter wie die Firma Lang.

c) Der Preis für die Prägemaschine ist niedriger als der Preis für das Steuerungsmodul.

d) Der ICE fährt schneller als der IC.

e) Berlin liegt westlicher als Düsseldorf.

f) Sie fahren genauso gerne Zug wie Auto.

g) Ein Diktiergerät ist teurer als ein Computer.

h) Nachts ist es dunkler als tagsüber.

i) Sie reisen genauso viel wie Ihr Chef/Ihre Chefin.

k) In Norwegen ist es wärmer als in Italien.

l) Herr Lang hat ein genauso hohes Gehalt wie Frau Haber.

m) Großbritannien ist ein kleineres Land als Irland.

6 Multiplikativa `S. 53`

Bitte vergleichen Sie!

Bayerische Vereinsbank: 20 200 Mitarbeiter

Dresdner Bank: 42 200 Mitarbeiter

Die Dresdner Bank hat etwa zweimal so viele Mitarbeiter wie die ...

a) **Gehalt** Herr Haber: 40 000 DM im Jahr
Frau Harnisch: 120 000 DM im Jahr

b) **Umsatz** Firma A: 6 Mio. DM
Firma B: 36 Mio. DM

c) **Preis** Bleistift: 3,80 DM
Kugelschreiber: 38,00 DM

d) **Lieferzeit** für eine Schreibmaschine: 1 Woche
für ein Auto: 8 Wochen

7 Wortschlange `S. 51`

Bitte schreiben Sie die Sätze richtig!
deutschlandundösterreichsindnachbarländermansprichtdortdeutschvielemenschenindeutschlandmachenurlaubinösterreichauchherrundfrauschulzauspotsdamwollennachösterreichfahrenabersiewissennochnichtwohinsollensienachwienfahrenoderliebernachinnsbruckfrauschulzistfürinnsbruckabervielleichtkönnensieauchbeidestädtebesuchen

Deutschland

8 **Beschreibung und Vergleich** S. 52/53

mm = der Millimeter
10mm = 1cm, man spricht: Zentimeter
100cm = 1m, man spricht: Meter
1000m = 1km, man spricht: Kilometer

1. *Bitte beschreiben und vergleichen Sie die zwei Sofas!*

Sofa A

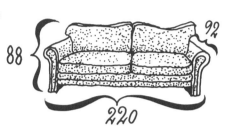

Sofa B

	220 cm	Breite	164 cm
2590,– DM	88 cm	Höhe	80 cm	**2180,– DM**
	92 cm	Tiefe	87 cm

a) Sofa A ist 220 cm breit,

88 cm _____

und _____ tief.

Es kostet _____

b) Sofa B ist _____

_____

_____

_____

c) Sofa A ist 56 cm breiter als Sofa B. Es ist _____ als Sofa B und _____

Es ist 410,– DM teurer als Sofa B.

oder: Es kostet _____

2. *Jetzt beschreiben und vergleichen Sie die zwei Tische!*

Tisch A

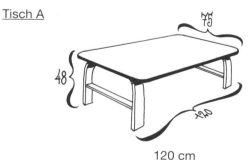

Tisch B

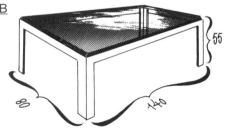

	120 cm	Länge	140 cm
179,– DM	75 cm	Breite	80 cm	**184,– DM**
	48 cm	Höhe	55 cm

a) _____ lang,

_____

_____

b) _____

_____

_____

c) _____

_____

3. *Jetzt beschreiben und vergleichen Sie die zwei Koffer!*

Koffer A   Koffer B

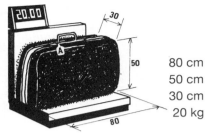

80 cm	Breite	70 cm	
50 cm	Höhe	45 cm	
30 cm	Tiefe	25 cm	
20 kg	Gewicht	16 kg	*(man spricht: Kilogramm)*

a) Koffer A ist _____   b) _____

_____   _____

_____   _____

Er ist 20 kg schwer.   _____

c) Koffer A ist _____

_____

 9 **Bitte vergleichen Sie!** S. 52/53

Herr Haber: * 1953, Frau Haber: * 1955   *Herr Haber ist zwei Jahre älter als Frau Haber.*

a) Athen: 26°C, München: 18°C *(man spricht: 18 Grad Celsius)*

b) Einzelzimmer: 80,- DM, Doppelzimmer: 120,- DM

c) Strecke Frankfurt am Main – Hamburg: 495 km, Strecke Frankfurt am Main – München 400 km

10 **Welche Schreibmaschine ist besser?** S. 52/53

Hier sind zwei Beschreibungen von Schreibmaschinen. Welche Maschine ist besser? Warum?

Bitte werben Sie für die bessere Maschine!

Elektrische Schreibmaschine „Peter"		Lieferzeit 4 Wochen
Preis		420,- DM
Abmessungen in mm	Breite	488 mm
	Höhe	193 mm
	Tiefe	405 mm
Gewicht		10,1 kg
nutzbare Zeilenlänge		226 mm
Korrekturspeicher		---------
Anzeige/Display		---------
Tastatur		44 Schreibtasten
Schreibgeschwindigkeit		bis zu 600 Zeichen/min. *(man spricht: pro Minute)*
Elektronische Schreibmaschine „Petra"		sofort lieferbar
Preis		999,- DM
Abmessungen in mm	Breite	438 mm
	Höhe	125 mm
	Tiefe	323 mm
Gewicht		5,3 kg
nutzbare Zeilenlänge		274 mm
Korrekturspeicher		1 Zeile
Anzeige/Display		20 Zeichen
Tastatur		46 Schreibtasten
Schreibgeschwindigkeit		bis zu 840 Zeichen/min.

11 Welche Maschine meinen Sie? S. 53/54

Bitte ergänzen Sie die richtigen Formen von »welch-« und »dies-«!

Welche Maschine meinen Sie? – *Diese hier.* _____

a) _____ Unterlagen brauchen Sie? – _____

b) _____ Gerät ist das beste? – _____

c) Für _____ Folie ist die Maschine geeignet? – _____

d) _____ neu___ Buch wollen Sie lesen? – _____

e) _____ Herrn kennen Sie? – _____

f) _____ Steuerungsmodul suchen Sie? – _____

g) Für _____ Maschine werben Sie? – _____

h) Gegen _____ Vorschlag protestieren Sie? – _____

12 Autokauf für die Firma Moritz S. 53/54

Bitte ergänzen Sie die richtigen Formen und die richtigen Endungen!

Herr Moritz hat einen mittelständischen Betrieb in Hagen. Er hat schon einen Geschäftswagen. Jetzt will er noch einen Golf für die Firma kaufen. Er und sein Außendienstmitarbeiter, Herr Hanke, sind beim Autokauf.

▲ *Welches* Auto sollen wir nehmen, Herr Hanke? _____ Golf oder _____ ? Ich weiß

es nicht. Was meinen Sie? _____ Golf ist besser?

■ _____ beiden (= zwei) Autos sind gut. Aber wie ist das, _____ Golf hat mehr PS, _____

oder _____ hier?

5 ▲ _____ hier. Er hat 75 PS, _____ da hat nur 60.

■ Also, _____ hier mit 75 PS hat natürlich viele Vorteile: Er ist schneller und für lange Strecken besser

geeignet.

▲ Ja, das stimmt. Aber er ist auch teurer.

■ Natürlich. Für _____ Autos mit mehr PS zahlt man heute auch mehr. _____ Mitarbeiter

10 sollen den Wagen denn fahren, nur die Vertreter oder _____ Kollegen im Außendienst?

▲ Nein, nicht _____ Mitarbeiter in der Außendienstabteilung soll den Wagen fahren. Nur Frau Wenke

und Herr Schmitt und natürlich Sie.

■ _____ Lieferzeit hat die Firma zur Zeit für _____ Wagen?

▲ Sie hat zur Zeit acht Wochen Lieferzeit für _____ Autos von VW.

15 ■ Nehmen wir doch _____ Golf hier mit 75 PS, er ist für uns _____ besser geeignet. Was

meinen Sie?

13 Der Superlativ S. 54/55

In Deutschland gibt es vier verschiedene Landschaftstypen. Die nördlichste Landschaft ist das norddeutsche Tiefland. Weiter südlich folgt das Mittelgebirge. Ganz im Süden liegen die Alpen und das Alpenvorland. Der höchste Berg ist die Zugspitze (fast 3000 m hoch), der zweithöchste Berg ist der Watzmann (ungefähr 2700 m hoch). Durch Deutschland fließen viele Flüsse. Der längste Fluss ist der Rhein (rund 870 km in Deutschland). Er ist auch die wichtigste Wasserstraße für die europäische Binnenschifffahrt. Der zweitlängste Fluss in Deutschland ist die Elbe. Beide Flüsse fließen nach Norden und münden in die Nordsee. Die größte deutsche Insel ist Rügen, die zweitgrößte Fehmarn. Beide Inseln liegen im Norden. Der größte Binnensee ist der Bodensee. Wo liegt er?

Bitte lesen Sie den Text und markieren Sie alle Superlative! Dann lesen Sie die Tabellen auf S. 54 im Lehrbuch. Vergleichen Sie die Superlative! Was ist anders?

Superlativformen S. 54	Superlativformen im Text oben
am schnellsten,	*die nördlichste Landschaft,*

14 Superlativ S. 54/55

	am schnellsten	schnellst-
Er fährt	am schnellsten.	
Sie fahren	am schnellsten.	
Er ist	am schnellsten.	Er ist **der** schnellste Fahrer.
		Sie sind **die** schnellsten Fahrer.
		Er ist **der** Schnellste.
		Sie sind **die** Schnellsten.

Bitte ergänzen Sie die Sätze!

Die Werbung benutzt viele Adjektive und sehr oft verwendet sie Komparative und Superlative. Hier wirbt ein Reisekatalog für ein Land:

	Hier ist	Hier finden Sie
klares Wasser	*das Wasser am klarsten.*	*das klarste Wasser.*
a) schöne Landschaft		
b) gutes Essen		
	Hier sind	**Hier gibt es**
c) hohe Berge		
d) große Seen		
e) interessante Städte		
f) billige Hotels		
g) bequeme Betten		
h) gute Restaurants		

15 **Informationen über Österreich**   S. 51/55

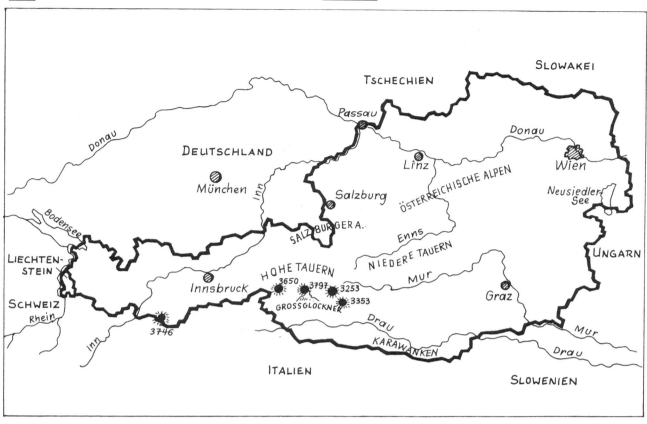

1. *Herr und Frau Schulz wollen in Österreich Urlaub machen. Sie hören eine Beschreibung über dieses Land. Leider ist es sehr laut und sie können nicht jedes Wort hören. Aber das ist nicht notwendig, sie verstehen den Text auch so.*

Auch Sie können den Text über Österreich verstehen. Bitte ergänzen Sie ihn! Benutzen Sie die Landkarte!

Österreich ist ein Alpen- und Donauland und erstreckt sich von Westen nach _____

zwischen Bodensee und Neusiedler See über 525 km. In Nord- _____ -Richtung ist

Österreich im Osten 265 km breit, im Westen nur 40 km.

Es gibt drei Landschaftstypen: Im Norden die Nordalpen, weiter südlich die Zentralalpen. Dort liegt der

5   Großglockner (3797 m), der höchste _____ in Österreich. Im Süden folgen die

Süd_____ .

Durch Österreich fließen viele _____ . Der längste ist der Inn; er _____

_____ bei Passau in die Donau. Der größte _____ ist der Neusiedler See.

Die größten _____ sind Wien, Graz, Linz, Salzburg und Innsbruck. Die

10   _____ von Österreich ist Wien.

Österreich hat viele _____ . Es sind im Norden Deutschland und Tschechien, im

Nordosten die Slowakei, im Osten Ungarn, im _____ Slowenien und Italien und im Südwesten Liechten-

stein und die _____ . Österreich hat 7,8 Mio. _____ . Die

_____ ist der österreichische Schilling.

 2. *Bitte beschreiben Sie jetzt Ihr Land!*

16 Die Verbraucher und ihre Kaufkraft S. 56

Bitte ergänzen Sie die Informationen aus der Grafik im Lehrbuch!

| Ausgaben in Mrd. DM | | Ausgaben in Mrd. DM |

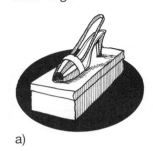

Schuhe
23

a)

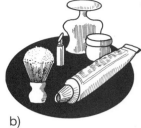

b)

c)

d)

e)

f)

g)

h)

79

i)

k)

l)

m)

| 1 | **Was möchten Sie trinken?** | S. 57/59 |

1. *Ergänzen Sie bitte!*

Herr Mitter und Herr Heuberger gehen ins Besprechungszimmer und besprechen mit Herrn Spät den Fertigungsplan. Frau Hellmann kommt und will die Getränke servieren.

Frau Hellmann: *Herr Mitter, was möchten Sie trinken?*

Herr Mitter: _____

Frau Hellmann: *Und Sie, Herr Heuberger, was hätten Sie gern?*

Herr Heuberger: _____

Frau Hellmann: *Und was trinken Sie, Herr Spät? Auch Kaffee?*

Herr Spät: _____

2. *Bitte antworten Sie!*

Sie gehen in ein Restaurant. Der Kellner fragt Sie: „Was möchten Sie trinken?"

Sie antworten: (Tee) *Ich hätte gern ein Kännchen Tee.*

a) (Rotwein) _____

b) (Kakao) _____

c) (Coca-Cola) _____

d) (Kaffee) _____

e) (Bier) _____

f) (Apfelsaft) _____

3. *Was ist richtig? Was ist falsch?*

	richtig	falsch
eine Tasse Apfelsaft		X
a) ein Kännchen Kaffee		
b) eine Kanne Rotwein		
c) ein Glas Kaffee		
d) eine Flasche Bier		
e) eine Tasse Tee		
f) ein Glas Tee		

2 **oben, unten, rechts, links, vorn(e), hinten**   S. 59

Herr Spät

16:30

Frau Hellmann   Herr Baumann   Herr Heuberger   Herr Mitter

1. Bitte antworten Sie!

Wo sitzt Frau Hellmann? – *Sie sitzt hinten links.*

a) Wo ist die Uhr? – _____

b) Wo sitzt Herr Mitter? – _____

c) Wo steht Herr Spät? – _____

d) Wo ist die Tür? – _____

2. Beantworten Sie bitte die Fragen!

das Regal

Wo ist der Siemens-Katalog? – *Sie finden ihn im Regal oben rechts.*

a) Wo ist der Ordner mit den Umsatzzahlen von 1991? – _____

b) Wo sind die Prognosen für 1991? – _____

c) Wo sind die Rechnungen von 1990? – _____

d) Wo ist der BASF-Katalog? – _____

3 **Wo? Woher? Wohin?** `S. 59`

Bitte fragen Sie!

Wo ist das Besprechungszimmer? – Das Besprechungszimmer ist da vorne links.

a) _____ – Herrn Spät finden Sie hinten links, Zimmer 12.

b) _____ – Herr Lang wohnt in Fürth.

c) _____ – Parken Sie da vorne rechts!

d) _____ – Herrn Meyer? – Gehen Sie nach oben und dann

_____ links, Zimmer 21.

e) _____ – Bringen Sie die Bücher nach unten!

f) _____ – Mineralwasser können Sie da vorne kaufen.

g) _____ – Herr Winter kommt aus Hamburg.

h) _____ – Das Auto kommt von rechts.

i) _____ – Das Restaurant „Die Traube"? Fahren Sie geradeaus

_____ und dann nach rechts.

4 **Gerätebeschreibung: Der Computer** `S. 59`

f) die Statuszeile

g) _____

h) _____

i) _____

a) der Cursor / die Lichtmarke

b) _____

c) die Kontrollleuchte

d) _____

e) *die Tastatur*

1. *Lesen Sie bitte den folgenden Text und ergänzen Sie die fehlenden Angaben in der Zeichnung oben!*

Das vordere Teil ist die Tastatur. Das hintere untere Teil ist der Rechner. Das Kabel verbindet den Rechner und die Tastatur. Das hintere obere Teil heißt Monitor oder Bildschirm.
Rechner: Das Laufwerk rechts unten ist das Diskettenlaufwerk b. Der äußere Schalter rechts ist der Netzschalter.

2. *Schreiben Sie jetzt bitte den Text für den Monitor!*

Monitor: *Der Punkt oben links*

_____

_____

_____

_____

5 Perfekt   S. 60/61

1. *Lesen Sie bitte den Lehrbuchtext auf S. 60 oben rechts! Welche Partizipien finden Sie?*
   Wie lautet der Infinitiv?

    bestellt _____   bestellen _____

a) _____   _____

b) _____   _____

c) _____   _____

d) _____   _____

e) _____   _____

f) _____   _____

g) _____   _____

h) _____   _____

i) _____   _____

k)   schief gegangen _____   schief gehen _____

2. *Wie bildet man das Partizip? – Ordnen Sie bitte die Verben in die folgende Tabelle!*

    legen   leg   gelegt haben

a) _____ ge- _____ -t _____

b) _____ _____ _____

c) _____ ge- _____ -et _____   ! -ten

d)   bestellen _____ bestell _____ bestellt haben _____   ! be-, er-,

e) _____ _____ -t _____   ge-,ver-,ent-,

f) _____ _____ _____   -ieren, ...

g) _____ ge- _____ -en _____

h) _____ _____ _____   ! be-, er-, ge-,

i) _____ _____ -en _____   ver-, ent-, ...

k) _____ _____ ge- _____ -en _____

6 **Perfekt** S. 60/61

Ordnen Sie jetzt bitte die folgenden Verben!

a) liefern b) bedienen c) gehen d) fahren e) servieren f) besuchen g) kommen h) dauern i) fliegen k) finden
l) suchen m) fallen n) bekommen o) brauchen p) diktieren q) haben r) liegen s) verbrauchen t) bleiben u) werden

A danken: ge-   dank   -t   gedankt haben

ebenso: *liefern — geliefert haben,*

B notieren: notier   -t   notiert haben

ebenso:

C₁ laufen: ge-   lauf   -en   gelaufen sein

ebenso:

C₂ sehen: ge-   seh   -en   gesehen haben

ebenso:

D beginnen: begonn   -en   begonnen haben

ebenso:

7 **Perfekt** S. 60/61

1. *Bilden Sie bitte Fragesätze im Perfekt!*

Frau Hellmann/Herrn Spät/sehen   *Hat Frau Hellmann Herrn Spät gesehen?*

a) Frau Haber/den Brief/bringen

b) Herr Heuberger/hinten rechts/sitzen

c) Frau Menke/Ihre Mitarbeiterin/sein

d) Sie/Herrn Merker/schon lange/kennen

2. *Die Verben »bringen«, »sein« und »kennen« aus 1. passen nicht in die Tabelle Übung 5.2.*
   Was ist anders?

8 **Was haben Sie heute gemacht?** S. 60/61

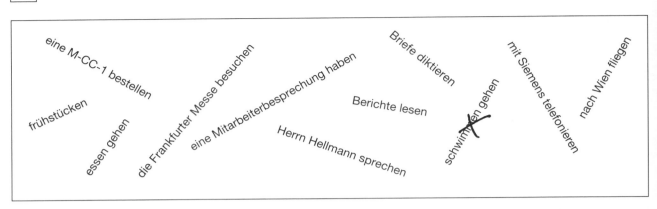

eine M-CC-1 bestellen

frühstücken

essen gehen

die Frankfurter Messe besuchen

eine Mitarbeiterbesprechung haben

Herrn Hellmann sprechen

Berichte lesen

Briefe diktieren

schwimmen gehen

mit Siemens telefonieren

nach Wien fliegen

Um sieben Uhr bin ich schwimmen gegangen.

9 **Ein Gespräch** S. 60/61

Schreiben Sie den folgenden Dialog bitte neu!
Benutzen Sie das Präsens!

Herr Köhler: Guten Tag, Herr Robinson.
Herr Robinson: Ah, Herr Köhler. Guten Tag! Schon hier? Sind Sie mit dem IC gefahren oder sind Sie geflogen?
Herr Köhler: Ich habe den IC genommen. Der ist genauso schnell und billiger. Ich habe den Zug um 7.26 Uhr genommen und bin schon um 14.32 Uhr in München gewesen. Herr Robinson, ich habe nicht viel Zeit und möchte Sie nur fragen: Haben Sie schon mit Frau Petersen gesprochen und sie benachrichtigt?
Herr Robinson: Ja. Ich habe sofort telefoniert. Sie hat meinen Anruf schon erwartet. Übrigens hat sie für unseren Vorschlag gestimmt.
Herr Köhler: Ah, das ist gut. Also bis morgen dann, Herr Robinson.
Herr Robinson: Bis morgen, Herr Köhler.

Herr Köhler: *Guten Tag, Herr Robinson.*
Herr Robinson: *Ah, Herr Köhler. Guten Tag! Noch hier?*
Fahren Sie

Herr Köhler:

Sprechen Sie heute noch mit Frau Petersen
und ?

Herr Robinson: _____

_____

Herr Köhler: _____

Herr Robinson: _____

10 **Perfekt** `S. 60/61`

Ergänzen Sie bitte!

▲ Wo *haben* Sie den Mann *gesehen* ? (sehen) ■ Er *hat* da vorne links *gestanden* . (stehen)

a) ▲ Was _____ er gestern _____? (machen) ■ Er _____ _____ und Sport _____ . (lesen, treiben)

b) ▲ _____ Sie das _____? (wissen) ■ Nein, keiner _____ mich _____ . (benachrichtigen)

c) ▲ _____ Sie den Brief _____? (erhalten) ■ Ja, wir _____ ihn heute _____ . (bekommen)

d) ▲ _____ der Umsatz wirklich um 30% _____? (sinken) ■ Ja, es muss stimmen. Ich _____ es auch _____ . (hören)

e) ▲ Und was _____ Sie _____? (nehmen) ■ Ich _____ nur einen Kaffee _____ . (trinken)

f) ▲ _____ Sie mich _____? (verstehen) ■ Ich denke, ja.

g) ▲ Was _____ Sie mittags _____? (essen) ■ Nichts. Ich _____ keine Zeit _____ . (haben)

h) ▲ Wer _____ das Gespräch mit Hoechst _____? (führen) ■ Herr Spät.

i) _____ Sie Herrn Petersen _____? (kennen) ■ Ja, er _____ auch bei Siemens in Erlangen _____ . (arbeiten)

k) ▲ Der Export _____ um 3% _____ . (steigen) ■ Wo _____ Sie das denn _____ ? (lesen)

l) ▲ Der Dollarkurs _____ um 2% _____ . (fallen) ■ Das _____ keiner _____ . (erwarten)

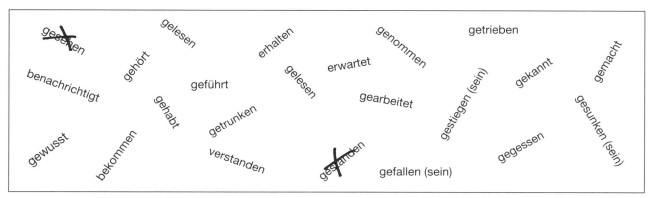

gesehen gelesen erhalten genommen getrieben
benachrichtigt gehört gelesen erwartet gearbeitet gestiegen (sein) gekannt gemacht
geführt
gewusst gehabt getrunken gefallen (sein) gegessen gesunken (sein)
bekommen verstanden gestanden gegessen

LEKTION 6

11 heute, morgen, gestern ...   S. 62

Am Sonntag hat Herr Klein den ganzen Tag Tennis gespielt. **Am Montag** ist er um 15.35 Uhr nach Wien geflogen. Um 20.00 Uhr ist er ins Hotel gefahren. Um 24.00 Uhr hat ihn seine Frau angerufen. **Am Dienstag** hat er um 8.00 Uhr gefrühstückt. Den ganzen Tag hat er dann Kunden besucht. Um 13.00 Uhr hat er etwas gegessen. **Am Mittwoch** ist er wieder zurückgekommen. Schon um 9.00 Uhr hat er Herrn Lang gesprochen. Um 15.00 hat er das erwartete Telefax aus Erlangen bekommen. **Am Donnerstag** ist er dann sofort nach Erlangen gefahren und **am Freitag** ist er wieder in Fürth gewesen.

Und jetzt ergänzen Sie bitte die Fragen/Antworten und benutzen Sie Zeitangaben wie »gestern Morgen«, »heute Mittag«!

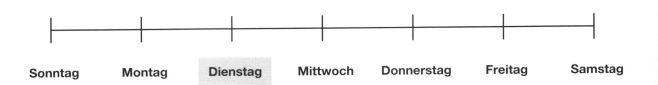

Sonntag   Montag   Dienstag   Mittwoch   Donnerstag   Freitag   Samstag

Heute ist Dienstag.

Was hat Herr Klein vorgestern gemacht ? – Er hat den ganzen Tag Tennis gespielt.

a) Wann ist er nach Wien geflogen? – _____ .

b) Was _____ ? – Er ist ins Hotel gefahren.

c) Wann hat ihn seine Frau angerufen? – _____ .

d) _____ ? – Um 8.00 Uhr.

e) _____ ? – Er hat etwas gegessen.

f) Wann kommt er wieder zurück und spricht mit Herrn Lang? – _____ .

g) Wann bekommt er das Telefax aus Erlangen? – _____ .

h) _____ ? – Er fährt nach Erlangen.

12 Ordinalzahlen   S. 62

Schreiben Sie bitte die Zahlen in Buchstaben und vergleichen Sie sie!

»-te«

1 _eins_   1. _erste_ (!)   3 _____   3. _____ (!)

5 _____   5. _____   7 _____   7. _____ (!)

17 _____   17. _____   19 _____   19. _____

»-ste«

20 _____   20. _____   31 _____   31. _____

400 _____   400. _____   2000 _____   2000. _____

60 sechzig

13 | Messen und Ausstellungen   S. 63

Messen und Ausstellungen

Januar 16.1.– 22.1. Bau, München 19.1.– 27.1. boot, Düsseldorf 22.1.– 25.1. IMA, Frankfurt 22.1.– 27.1. Int. Möbelmesse, Köln 25.1.– 3.2. Int. Grüne Woche, Berlin 26.1.– 29.1. Int. Lederwaren-messe, Offenbach **Februar** 3.2.– 5.2. CPD, Düsseldorf 9.2.– 17.2. REISEN, Hamburg 17.2.– 19.2. MODE-WOCHE-MÜNCHEN 17.2.– 20.2. HOGA, Wiesbaden 19.2.– 22.2. DOMOTECHNICA, Köln 25.2.– 1.3. didacta, Düsseldorf **März** 2.3.– 7.3. Int. Tourismus-Börse, Berlin	3.3.– 6.3. Int. Eisenwaren-messe, Köln 10.3.– 13.3. Igedo, Düsseldorf 13.3.– 18.3. Hannover Messe, CeBIT 15.3.– 20.3. Internorga, Hamburg 17.3.– 23.3. Leipziger Buchmesse **April** 10.4.– 14.4. Interstoff World, Frankfurt 10.4.– 17.4. Hannover Messe, Industrie 13.4.– 21.4. EQUITANIA, Essen 23.4.– 26.4. INTERHOSPITAL, Düsseldorf **Mai** 3.5.– 7.5. Interzum, Köln 7.5.– 10.5. Orthopädie & Reha-Technik, Berlin 8.5.– 11.5. DACH + WAND, Nürnberg 9.5.– 13.5. IMS, Pirmasens	14.5.– 17.5. CAT, Stuttgart 21.5.– 25.5. Ärztekongress, Berlin **Juni** 4.6.– 8.6. IMB, Köln 9.6.– 15.6. ACHEMA, Frankfurt **August** 18.8.– 20.8. MODE-WOCHE-MÜNCHEN 24.8.– 27.8. Int. Lederwaren-messe, Offenbach 24.8.– 28.8. Int. Frankfurter Messe 30.8.– 8.9. Int. Funkausstellung, Berlin **September** 1.9.– 3.9. GAFA, Köln 1.9.– 3.9. SPOGA, Köln 1.9.– 4.9. Igedo, Düsseldorf 3.9.– 6.9. Ispo, München 12.9.– 22.9. IAA, Frankfurt 17.9.– 21.9. CERAMITEC, München	28.9.– 6.10. CARAVAN-SALON, Essen **Oktober** 2.10.– 5.10. Übersee-Import-Messe, Berlin 9.10.–14.10. Frankfurter Buch-messe 12.10.–17.10. ANUGA, Köln 17.10.–19.10. IKK, Essen 23.10.–26.10. MARKETING SERVICES, Frankfurt 29.10.–31.10. Interstoff, Frankfurt **November** 6.11.– 9.11. fsb, Köln 6.11.– 9.11. IRW, Köln 6.11.– 9.11. areal, Köln 12.11.–16.11. Productronica, München 14.11.–16.11. BRAU, Nürnberg 20.11.–23.11. MEDICA + BIATEC, Düsseldorf

Ergänzen Sie bitte den Text! Schreiben Sie die Ordinalzahlen, wie man sie spricht!

Herr Klein: Frau Haber, wann beginnt die Kölner Möbelmesse?

Frau Haber: *Am zweiundzwanzigsten Januar.*

Herr Klein: Und von wann bis wann dauert die DOMOTECHNICA?

Frau Haber: Vom _____ bis zum _____ .

5 Herr Klein: Und die Internationale Eisenwarenmesse ist doch im März, nicht?

Frau Haber: Ja, vom _____ bis zum _____ .

Herr Klein: Und wann beginnt die Interzum?

Frau Haber: _____ .

Herr Klein: Und dann folgt doch die IMB. Wann genau ist sie?

10 Frau Haber: _____ .

Herr Klein: Ist dann nicht im September wieder eine Messe in Köln?

Frau Haber: Ja, zwei. Die _____ und die _____ vom

_____ bis zum _____ .

Herr Klein: Und die ANUGA? Ist die nicht auch in Köln?

15 Frau Haber: _____ .

Herr Klein: Und wann genau ist sie?

Frau Haber: _____ .

Herr Klein: Und im November sind dann drei Messen in Köln, nicht?

Frau Haber: Ja, die _____ .

20 Herr Klein: Wissen Sie schon die genauen Termine?

Frau Haber: Ja, alle drei _____ und

enden _____ .

14 Der Lebenslauf   S. 60–64

LEBENSLAUF

I. Angaben zur Person

Name	Dipl.Ing. Seidel
Vorname	Werner
geboren am	4.5.1956
Geburtsort	München
Familienstand	verheiratet (2 Kinder)
Adresse	Lievelingsweg 13
	81929 München
	Tel. 0 89 / 6 41 37 11

II. Ausbildung

5.6.62 – 28.6.66	Gustav-Stresemann-Schule in München
7.8.66 – 2.6.75	Beethoven-Gymnasium in München
2. Juni 1975	Abitur
1975 – 1981	Studium an der Technischen Hochschule Aachen: Maschinenbau
24. Mai 1981	Abschluss als Diplom-Ingenieur, Fachrichtung Maschinenbau

III. Berufserfahrungen

1.7.1981 – 30.9.1986	Ingenieur in der Konstruktionsabteilung bei Brewitz & Co. in Ulm
1.10.1986 – 31.8.1988	stellvertretender Leiter des Konstruktionsbüros bei Ewald & Schmitz in Köln
seit dem 1.9.1988	Leiter des Konstruktionsbüros bei Hincks & Kunz in München

IV. Sonstiges

Fremdsprachenkenntnisse: Englisch und Französisch
gute EDV-Kenntnisse

---

verheiratet sein

eine Schule besuchen

das Abitur machen

an einer Hochschule/Universität studieren

den Abschluss als ... machen

als ... arbeiten

als ... tätig sein

Kenntnisse haben

---

1. *Beantworten Sie bitte die folgenden Fragen!*

a) Wann ist Herr Seidel geboren? _____

b) Wo wohnt er? _____

c) Hat er eine Frau? _____

d) Welche Schulen hat er besucht? _____

e) Wann hat er das Abitur gemacht? _____

f) Wo hat er studiert? _____

g) Was hat er studiert? _____

h) Als was hat er bei Brewitz & Co. gearbeitet? _____

i) Was hat er vom 1.10.1986 bis zum 31.8.1988 gemacht? _____

k) Kann er am Computer arbeiten? _____

 2. *Stellen Sie Herrn Seidel bitte vor!*

 3. *Fragen Sie bitte Ihren Nachbarn/Ihre Nachbarin: Wann sind Sie geboren? Wo haben Sie studiert? ... Dann stellen Sie bitte Ihren Nachbarn/Ihre Nachbarin vor!*

 4. *Schreiben Sie jetzt bitte Ihren Lebenslauf!*

15 **Verben mit Dativ** S. 65/66

1. *Bilden Sie bitte Sätze!*

Ich	danken	dem	neu	Kunde
Die Firma	antworten	seiner	freundlich	Mitarbeiterin
Das Auto	gratulieren	meinem	gut	Mann
Sie	helfen	den	schön	Herr
Herr Spät	gehören	einer	alt	Frau
Frau Kunz	fehlen	Ihrem	best-	Chefin
Der Brief	widersprechen	meiner	erst-	Kollege

Ich habe dem freundlichen Mann gedankt.

2. *Fragen Sie bitte!*

Diese Bücher hier. Gehören sie ___*Ihnen*___? (Sie)

a) _____? (Herr Lang)

b) _____? (die neue Mitarbeiterin)

c) _____? (sie)

d) _____? (der Besucher aus Rom)

e) _____? (die Chefin)

f) _____? (er)

g) _____? (der freundliche Vertreter)

h) _____? (die kleinen Kinder dort)

i) _____? (die Kollegen)

k) _____? (Ihre Frau)

16 **Dativ der Personalpronomen** S. 65/66

Ergänzen Sie bitte!

Herr Lang hat Sie etwas gefragt. Was haben Sie ___*ihm*___ geantwortet?

a) Ich habe Frau Müller Blumen geschenkt und _____ hat _____ ein Glas Sekt spendiert.

b) Heute hat Herr Haller Geburtstag, aber keiner hat _____ gratuliert.

c) Das Buch gehört _____. (Herr Lang) Geben Sie es _____!

d) Herr Klein ist in Rom gewesen. Seine Frau hat ihn zwei Wochen nicht gesehen. Er hat _____ sehr gefehlt.

e) Frau Hellmann hat viel Arbeit, aber keiner kann _____ helfen.

f) Herr Lang hat gesagt: „Wir müssen schneller produzieren." Und niemand hat _____ widersprochen.

17 **Dativ oder Akkusativ: »wem« oder »was«?** S. 65/66

▲ Die Firma Lang liefert <u>der Firma Lombardi</u> eine neue Prägemaschine.

■ *Wem liefert die Firma Lang eine neue Maschine?*
▲ *Der Firma Lombardi.*

a) ▲ Herr Lang hat keine Zeit. Er diktiert gerade <u>seiner Sekretärin</u> einen Brief.

■ _____

▲ _____

b) ▲ Ich habe <u>dem Chef</u> alles erklärt.

■ _____

▲ _____

c) ▲ Herr Lang hat <u>seiner Mitarbeiterin</u> Blumen geschenkt.

■ _____

▲ _____

d) ▲ Ich habe Frau Haber <u>ein Telefax</u> geschickt.

■ _____

▲ _____

e) ▲ Herr Klein soll <u>seinem neuen Kollegen</u> die Firma zeigen.

■ _____

▲ _____

f) ▲ Die Floristin hat Frau Menke <u>Nelken</u> empfohlen.

■ _____

▲ _____

18 **Was soll ich meiner Frau/meinem Mann schenken?** S. 65–66

Ihre Frau/Ihr Mann feiert in zwei Wochen ihren/seinen 50. Geburtstag. Was sollen Sie ihr/ihm schenken?
Sie fragen eine Kollegin/einen Kollegen.

Bitte schreiben Sie einen Dialog und benutzen Sie die Verben rechts!

Sie: *Herr Meyer, können Sie mir einen Rat geben?*
Meine Frau ..

_____

_____

_____

_____

_____

_____

schenken   empfehlen

ge~~b~~en   gefallen

mögen
(sie mag)   kaufen

danken

19 ◇—◇—◇ **Dativ und Akkusativ**   S. 66

Ergänzen Sie bitte!

Das Fahrrad gehört mir. Geben Sie _____ *es mir!* _____ !

a) Dieser Wein hier ist gut. Ich kann _____ _____ empfehlen.

b) Was soll ich machen? Können Sie _____ _____ geben?

   (einen Rat)

c) Ich muss Herrn Lang dringend sprechen, aber das Telefon ist besetzt.

   Soll ich _____ _____ schicken? (ein Telefax)

d) Sehen Sie dieses Auto! Gefällt _____ _____ ?

e) Herr Spät kann den Siemens-Katalog nicht finden. Haben Sie _____

   _____ gegeben? (Frau Hellmann)

f) Herr Möller, brauchen Sie den Bericht sofort? Soll ich _____ _____

   bringen?

20 **Verben mit Dativ**   S. 64/66

Lesen Sie bitte noch einmal den Lehrbuchtext auf S. 64 unten! Jetzt berichtet Frau Menke. Schreiben Sie den Text bitte weiter!

Herr Werker arbeitet schon 25 Jahre bei Lang. Heute ist
sein Jubiläum gewesen. Ich habe ihm Blumen gekauft.

_____

_____

_____

_____

_____

_____

_____

_____

gegangen   gekauft   gegeben   gefallen   gekommen

gewesen   empfohlen   spendiert   überreicht   gedankt   ~~gekauft~~   ~~gewesen~~

1 Sollen wir Überstunden machen? S. 67

1. Bitte ordnen Sie den Dialog!

Herr Mitter kommt aus der Besprechung mit Herrn Heuberger und Herrn Spät. Jetzt geht er zur Montageabteilung und spricht mit zwei Arbeitern, Herrn Kant und Herrn Pusch.

1 Mitter: Ja, ich weiß. Aber ich sehe eine Möglichkeit. Bei der Teilefertigung gibt es kein Problem, nur hier bei der Montage gibt es einen Engpass. Aber vielleicht können wir ja Überstunden machen, dann schaffen wir es! Was meinen Sie?

6 Mitter: Nein, nur samstags. Das ist genug. Dann können wir es termingerecht schaffen. Also, reden Sie mal mit den Kollegen und geben Sie mir so schnell wie möglich Bescheid!

7 Pusch: Nur samstags oder auch sonntags?

4 Mitter: Herr Kant, Herr Pusch, ich muss mit Ihnen reden. Es gibt ein Problem: Wir haben einen wichtigen Auftrag für eine M-CC-1 von einem guten Kunden in Wien. Er braucht die Maschine sehr dringend. Der Liefertermin ist in acht Wochen.

2 Pusch: Warum nicht? Was heißt denn das genau? Wann sollen wir die Überstunden machen?

9 Mitter: Wir müssen abends länger arbeiten und natürlich am Wochenende.

5 Kant: Überstunden? Na, ich weiß nicht!

3 Kant: Aber wir haben doch zur Zeit noch sehr viele Maschinen in Arbeit. Da sind die zwei HT-10, eine PE-12/IIU, eine RT-25/G-Universal und noch die fünf Abrollmaschinen.

8 Pusch: Ja, geht in Ordnung.

Lösung: 4,_____

2. Bitte sammeln Sie weitere Argumente und spielen Sie den folgenden Dialog!

Herr Kant und Herr Pusch diskutieren. Herr Pusch ist für Überstunden, Herr Kant ist gegen eine längere Arbeitszeit.

Pusch: Argumente für Überstunden

– will mehr Geld verdienen
– braucht das Geld: will 3 Wochen Urlaub in Kanada machen
– will Fotoapparat für Reise kaufen
– hat keine Familie

– ....

Kant: Argumente gegen Überstunden

– man bekommt nicht viel Geld für Überstunden
– Zeit wichtiger als Geld

– braucht Zeit für Frau und Kinder
– abends: hilft seiner Frau bei der Hausarbeit; sie hat auch einen Beruf
– samstags: treibt Sport mit Frau und Kindern oder fährt Fahrrad

– ....

3. Jetzt schreiben Sie bitte einen Dialog!

2 | Rechtschreibung   S. 68/69

1. »ä« oder »e«?

a) Wann **e**ndet das Gesch____ftsjahr?

b) Ich h____tte g____rn ein K____nnchen Kaffee!

c) Am 31. M____rz ____ndet das ____rste Quartal.

d) Die St____dte ____rlangen und Passau liegen in Bayern.

2. »v« oder »f«?

a) Der IC um 8.59 Uhr **v**erbindet Bremerha____en und ____rank____urt.

b) Der ____orschlag ____on Herrn Klein, dem ____ertreter, ist gut.

c) Der teurere Wagen hat ____iele ____orteile: er ____ährt schneller und hat mehr PS.

d) Die ____irma Lang hat drei Hauptbereiche: ____ertigung, ____ertrieb und ____erwaltung.

e) Das Steuerungsmodul ____ür die M-CC-1 ist nicht ____orrätig.

> ! Alle Substantive auf -(t)ion sind feminin

3 | Die Endung »-tion«   S. 69

Bitte bilden Sie von den folgenden Verben Substantive mit der Endung »-tion«!

kalkulieren – *die Kalkulation*

a) investieren – _____

b) produzieren – _____

c) organisieren – _____

d) informieren – _____

Sorgen   Zweifel   Durst

Glück   Hunger   Kapital   Kleingeld   Pech

4 | Haben Sie heute Zeit?   S. 69

Bitte ergänzen Sie die folgenden Sätze!

Frau Haber, haben Sie heute _____*Zeit*_____ für diesen Brief? Er ist sehr dringend!

a) ▲ Der Liefertermin ist in acht Wochen. Können wir das schaffen?

   ■ Ich weiß es nicht. Ich habe _____. Wir haben zur Zeit sehr viel Arbeit.

b) ▲ Haben Sie _____, Herr Spät? ■ Ja, meine Frau ist sehr krank.

c) Wir sind gestern sehr spät zum Flughafen gekommen. Aber wir haben _____ gehabt. Das Flugzeug ist noch nicht weg gewesen. Es hat Verspätung gehabt.

d) Haben Sie _____ für mich? Ich muss telefonieren.

e) Es ist sehr heiß. Haben Sie auch _____? Sollen wir eine Flasche Mineralwasser bestellen?

f) Die Maschinen sind sehr teuer. Sie kosten 3 Mio. DM. Haben wir genug _____ für diese Investition?

g) Meine Uhr ist weg und ich kann sie nicht finden. Ich habe aber auch immer _____!

h) Ich muss etwas essen. Ich habe _____.

---

5 **Präposition »zu«**   S. 70/71

Wohin geht Herr Lang? – Er geht

zur Besprechung, _____ Lager, _____ Bank, _____ Herrn Spät, _____ Zahn-

arzt, _____ sein_____ Mitarbeiterin, _____ Friseur, _____ Post, _____ Konfe-

renz, _____ Einwohnermeldeamt, _____ Bahnhof

---

6 **aus, bei, mit, nach, seit, von, zu**   S. 70/71

Bitte ergänzen Sie die richtigen Präpositionen und die Endungen!

a) ▲ Ich habe Hunger, ich gehe _____*zum*_____ Essen, kommen Sie auch?

   ■ Nein, ich kann leider nicht. Ich komme gerade _____ ein_____ Besprechung und muss jetzt

   _____ Arzt.

b) _____ 3. 7. bis 24. 7. hat die Firma Betriebsferien.

c) ▲ Wo ist Frau Hellmann? ■ Da ist sie. Sie kommt gerade _____ ihr_____ Büro.

d) _____ 14.00 Uhr bis 14.30 Uhr habe ich eine Besprechung. Dann fahre ich _____

   Bahnhof und nehme den Zug _____ Frankfurt.

e) Morgen fahre ich _____ ein_____ Konferenz _____ Genf. Am Nachmittag,

   _____ d_____ Konferenz, fahre ich weiter _____ Lausanne.

f) Ich arbeite schon _____ 1980 bei Siemens. Bald will ich _____ ein_____

   ander_____ Firma gehen.

g) Herr Hellmann kommt _____ ein_____ klein_____ Stadt bei Hamburg. Jetzt wohnt er in

   Fürth.

h) _____ Dienstschluss muss ich sofort _____ Bank. Ich habe dort einen wichtigen

   Termin.

i) _____ 1985 bis 1990 habe ich bei einer Maschinenbaufirma gearbeitet.

k) Die Strecke _____ Bonn _____ Köln beträgt nur 30 km.

l) ▲ Kommen Sie _____ d_____ Auto oder _____ d_____ Zug nach Fürth?

   ■ Ich komme _____ d_____ Zug.

m) ▲ Dürfen Sie _____ d_____ Arbeit rauchen, Herr Pusch?

   ■ Nein, _____ vorig_____ Jahr geht das nicht mehr.

---

7 **»bei« oder »mit«?**   S. 70/71

Bitte unterscheiden Sie! Ergänzen Sie die richtige Präposition und die Endungen!

Ulrike Spät ist die Tochter von Herrn und Frau Spät. Sie wohnt noch _____*bei*_____ ihren Eltern. Sie ist Bank-

kauffrau und arbeitet _____ d_____ Deutsch_____ Bank in Fürth. Im Sommer will sie

_____ ein_____ Freundin nach Irland reisen. Dort wollen sie _____ d_____ Fahr-

rad nach Kerry fahren. Das liegt im Südwesten von Irland. Ulrike ist 1990 schon einmal in Irland gewesen. Da

hat sie _____ ein_____ Familie in Dublin gewohnt.

8 │ bei, mit, nach, seit, von, (bis) zu   `S. 70/71`

1. Bitte ergänzen Sie die richtigen Präpositionen und die Endungen!

Herr und Frau Hellmann bekommen Besuch. Herr Kluge, ein alter Freund, will zu ihnen kommen. Frau Hellmann telefoniert mit ihm:

Frau Hellmann: Also, Sie kommen am Sonntag _____ *zu* _____ uns, das ist schön.

Herr Kluge: Ja, ich fahre am Nachmittag _____ d_____ Auto _____ Fürth. Wie

5   komme ich dann _____ Ihnen, Frau Hellmann, können Sie mir das erklären?

Frau Hellmann: Ja, sicher. Sie fahren bis _____ Bahnhof. _____ dort fahren Sie wei-

    ter geradeaus bis _____ Post. Dann die erste Straße links bis _____

    Deutsch_____ Bank. Sie liegt rechts. Dann die zweite Straße rechts. Das ist die Goethestraße. Da

    wohnen wir, Nummer 4.

10 Herr Kluge: Gut, das habe ich verstanden, das ist nicht schwierig.

Frau Hellmann: Ich hoffe, Sie bleiben länger _____ uns, bis Dienstag oder Mittwoch. Natürlich

    können Sie _____ uns schlafen. Das ist kein Problem.

Herr Kluge: Vielen Dank, das ist sehr freundlich. Aber ich kann leider nur bis Dienstag bleiben. Dann muss ich

    _____ d_____ Frühstück wieder weg. Ich bin ja geschäftlich hier und will

15   _____ Fürth weiter _____ Erlangen fahren.

Frau Hellmann: Na gut. Dann sehen wir Sie also am Sonntagnachmittag hier in Fürth.

Herr Kluge: Ja, genau. Ich bin schon ganz gespannt. Ich habe Sie und Ihren Mann _____ fünf

    Jahren nicht mehr gesehen. Auf Wiederhören, Frau Hellmann, bis Sonntag.

Frau Hellmann: Auf Wiederhören, Herr Kluge.

2. Wie kommt Herr Kluge zu Frau Hellmann? Herr Kluge macht nach dem Telefongespräch einen Plan.

Bitte machen Sie diesen Plan!

S. 72-74

1. *Bei diesen Wörtern fehlt ein Teil.*
   Welcher?

Einwohneramt, Betriebsfassungsgesetz, Inhaltssicht, Mitstimmung, Betriebswahl, Jugendtretung, Anstellte, Bundessetzblatt

das Einwohnermeldeamt

2. *Welche Wörter gibt es nicht?*
Berufsausbildung, Betriebsrat, Ratsgesamt, Arbeitszeit, Vorschriftenbetrieb, Neufassung, Überstunden, Gesetzesfirma, Heimatland, Bundesberuf, Jugendvertretung, Zusammenbetrieb, Mitbestimmung

3. *Bitte bilden Sie vier weitere Komposita!*

Betrieb(s)	–	zeit	–	bildende
Arbeit(s)	–	verfassung(s)	–	blatt
Bund(es)	–	zu	–	verkürzung
Aus	–	rat(s)	–	gesetz
Betrieb(s)	–	gesetz	–	wahlen

das Betriebsverfassungsgesetz

10 **Kreuzworträtsel** S. 72-74

1. Sie macht eine Ausbildung bei einer Firma.

2. Das Betriebsverfassungsgesetz regelt die … im Betrieb.

3. Leute bis ca. 18 Jahre nennt man so.

4. In der Montageabteilung gibt es einen Engpass. Deshalb sollen die Mitarbeiter mehr arbeiten. Sie sollen … machen.

5. Das ist die Firma Lang für ihre Mitarbeiter.

6. Alle Arbeiter, Angestellten und die Personen unter 1. nennt man so.

7. BetrVG ist die …
   von Betriebsverfassungsgesetz.

8. Frau Haber arbeitet bei der Firma Lang.
   Sie hat eine … als Sekretärin.

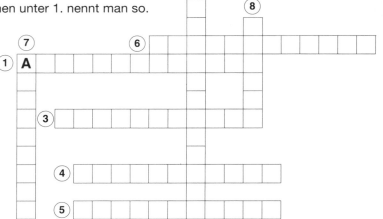

11 Der Betriebsrat   S. 72-74

Bitte schreiben Sie die Sätze richtig!

Allevierjahrewählendiearbeitnehmerüberachtzehnjahredenbetriebsratdiewahlistgeheimunddirektdasbetriebs-
verfassungsgesetzfordertdievertrauensvollezusammenarbeitvonarbeitgeberundbetriebsratbeivielenfragenmuss-
derbetriebsratmitbestimmenzumbeispielbeimthemaarbeitszeit.

12 ◇—◇—◇   S. 74

Bitte verbinden Sie die Sätze mit »denn« und mit »deshalb«!

Herr Spät will ein Steuerungsmodul bestellen. Er telefoniert mit der Firma Siemens.

Herr Spät will ein Steuerungsmodul bestellen. Deshalb telefoniert er mit der Firma Siemens.
Herr Spät telefoniert mit der Firma Siemens, denn er
will ein Steuerungsmodul bestellen.

a) Die Auftragslage ist schwierig. Die Montagearbeiter sollen Überstunden machen.
b) Der Betriebsrat muss seine Zustimmung zur täglichen Arbeitszeit geben. Herr Mitter spricht mit dem Betriebsrat.
c) Herr Merker feiert sein Dienstjubiläum. Die Geschäftsleitung schenkt ihm 25 CDs.
d) Rauchen macht krank. Ich bin gegen Rauchen.

13 Welche Sätze passen?   S. 72-74

Bitte kombinieren Sie!

A	Der Betriebsrat ist eine gute Einrichtung,	aber auch einige Nachteile.	1
B	Der Betriebsrat bringt zwar viele Vorteile,	aber den Abteilungsleiter finden wir nicht gut.	2
C	Wir wollen im Betrieb mit-bestimmen!	denn wir haben dort sehr oft Engpässe.	3
D	Unser Betrieb braucht neue Arbeiter für die Montage,	denn er macht die Mitbe-stimmung von Arbeitnehmern im Betrieb möglich.	4
E	Wir haben zwar noch nie Probleme mit der Geschäftsleitung gehabt,	Deshalb fordern wir Betriebs-ratswahlen!	5

A+	B+	C+	D+	E+

14 Pro und Contra   S. 72-74

Pro:	Contra:
sein für + Akk.	sein gegen + Akk.
Ich bin für Überstunden.	Ich bin gegen Überstunden.
stimmen für + Akk.	stimmen gegen + Akk.
Ich stimme für Überstunden.	Ich stimme gegen Überstunden.
gut finden + Akk.	schlecht/nicht gut finden + Akk.
Ich finde den Betriebsrat gut.	Ich finde den Betriebsrat schlecht/nicht gut.
halten für + Akk.	halten für + Akk.
Ich halte den Betriebsrat für gut.	Ich halte den Betriebsrat für schlecht/nicht für gut.
fordern + Akk.	
Wir fordern Betriebsratswahlen!	protestieren gegen + Akk.
unterstützen + Akk.	Ich protestiere gegen Überstunden.
Ich unterstütze diese Forderung.	

 Schreiben Sie kurz Ihre Meinung zu den folgenden Themen und verwenden Sie die Redemittel!

Rauchen: Ich finde Rauchen gut und rauche gern.

   oder: Ich rauche zwar, aber ich finde es nicht gut.

   oder: Ich bin gegen Rauchen, denn Rauchen macht krank.

   oder: ....

a) Überstunden
b) Mehr Arbeitsplätze
   für Schwerbehinderte

c) Flexible Arbeitszeiten
d) 35-Stunden-Woche
e) Mehr Frauen im Top-Management

15 Bericht von der Betriebsratssitzung   S. 75

Bitte ergänzen Sie die Präpositionen »mit«, »nach«, »von«, »zu« und die Endungen!

Ich möchte Ihnen kurz ___*von*___ unser*er* Betriebsratssitzung am Dienstag berichten. Wir haben

_____ d_____ Thema „Überstunden" begonnen. Herr Mitter hat _____ d_____

schwierigen Auftragslage gesprochen. Sie hat _____ ein_____ Engpass bei der Montage geführt.

Die Geschäftsleitung hat _____ ein_____ Lösung gesucht und _____ Überstunden

geraten. Deshalb muss Herr Mitter _____ d_____ Betriebsrat sprechen, denn er braucht seine

Zustimmung. Viele Betriebsratsmitglieder haben gegen Überstunden protestiert, aber die meisten haben dann

doch ihre Zustimmung gegeben.

16 Verben und Substantive mit Präpositionen   S. 75

 Bitte ergänzen Sie die Präpositionen »bei«, »mit«, »nach«, »von« und bilden Sie dann aus den Verben Substantive! Die Präpositionen bleiben hier gleich.

Er sucht ___*nach*___ der Telefonnummer. → *seine Suche nach der Telefonnummer*

a) Sie fragt _____ Ihnen. → _____

b) Sie berichten _____ der Reise. → _____

c) Sie sprechen _____ Herrn Lang. → _____

d) Frau Haber telefoniert _____ Herrn Spät. → _____

e) Er hilft _____ der Konferenz. → _____

17 · Welche Sätze passen?   S. 75

A	Bitte stören Sie mich nicht	bei meiner Meinung.	1
B	Das Betriebsverfassungsgesetz besteht	öfter zu Arbeitsunfällen.	2
C	Dieser Bericht handelt	aus der guten Auftragslage.	3
D	Welcher Stuhl passt	zur M-CC-1.	4
E	Dieses Teil gehört	bei diesem Telefonat!	5
F	Der Engpass bei der Montage folgt	zu diesem Schreibtisch?	6
G	Bei Überstunden in der Montage kommt es	von der schwierigen Finanzlage.	7
H	Ich bleibe	aus acht Teilen.	8

A+	B+	C+	D+	E+	F+	G+	H+

18 · Substantivierte Adjektive und Partizipien   S. 75

Bitte ergänzen Sie die Tabellen!

Das ist…/Das sind…	Ich sehe…	Ich danke…
der alte Vorsitzende	den alten Vorsitzenden	
die nahe Verwandte		
die vielen Deutschen		
ein neuer Auszubildender		
eine alte Bekannte		
einige Angestellte		

19 · ⬡ + ⬡   Lektion 7, besonders S. 76

Bitte bilden Sie immer ein weiteres Kompositum!

der Maschinen<u>bau</u>,   *die Bauwirtschaft*

a) die Maschinen<u>produktion</u>, _____

b) der Klein<u>betrieb</u>, _____

c) der Waren<u>export</u>, _____

d) die Maschinen<u>investition</u>, _____

e) die Nahrungsmittel<u>industrie</u>, _____

f) die Berufs<u>ausbildung</u>, _____

20 **Die Beschäftigten bei der Firma Lang** bis S. 76

Bitte ergänzen Sie!

Mitarbeiterin Mitarbeiter Arbeiter Kolleginnen
Firmenchef ~~Arbeitgeber~~ Auszubildender Azubi Mitarbeiterin

a) Die Firma Lang ist für ihre Beschäftigten der _Arbeitgeber._

b) Alle Beschäftigten bei dieser Firma kann man auch _____ bei dieser Firma nennen.

c) Herr Lang ist der _____. Frau Haber, seine Sekretärin, ist seine

_____.

d) Herr Spät ist Abteilungsleiter Prägemaschinen. Seine _____ ist Frau Hellmann.

e) Frau Menke ist die Sekretärin von Herrn Merker. Sie und Frau Haber sind _____.

f) Herr Pusch und Herr Kant arbeiten in der Montage. Sie sind keine Angestellten, sondern _____

_____.

g) Herr Krause macht eine Ausbildung bei der Firma Lang. Er will Bürokaufmann werden. Er ist _____

_____ bei der Firma Lang. Die Abkürzung ist _____.

21 **Welche Antwort passt?** bis S. 76

1. Spricht Frau Haber mit Herrn Lang?

☐ a) Ja, sie korrespondiert mit ihm.

☐ b) Ja, sie redet von ihm.

☐ c) Ja, sie redet mit ihm.

2. Unterstützen Sie diese Forderung?

☐ a) Ja, ich bin gegen diese Forderung.

☐ b) Ja, ich halte die Forderung für richtig.

☐ c) Nein, ich finde die Forderung gut.

3. Haben Sie ein Steuerungsmodul vorrätig?

☐ a) Nein, wir haben leider kein Steuerungsmodul auf Lager.

☐ b) Ja, wir müssen es bestellen.

☐ c) Ja, die Lieferzeit beträgt vier Wochen.

4. Sind die Beschäftigten für Überstunden?

☐ a) Nein, die Arbeitgeber sind nicht für Überstunden.

☐ b) Nein, die Mitarbeiter wollen keine Überstunden machen.

☐ c) Ja, die Arbeitnehmer protestieren gegen Überstunden.

5. Sind nur Großunternehmen für die Maschinenproduktion von Bedeutung?

☐ a) Ja, auch große Betriebe sind für diesen Wirtschaftszweig wichtig.

☐ b) Ja, nur Betriebe mit unter 1000 Beschäftigten sind wichtig.

☐ c) Nein, auch Kleinbetriebe und mittelständische Unternehmen sind wichtig.

1 **Abtönungspartikeln** S. 77

1. *Lesen Sie bitte den folgenden Text und vergleichen Sie ihn mit dem Lehrbuch auf S. 77! Was ist anders?*

Herr Lang: Guten Morgen, Frau Haber. Wie geht's heute?
Frau Haber: Guten Morgen, Herr Lang. Mir geht es gut, aber Ihr Terminkalender gefällt mir heute nicht.
Herr Lang: Mal sehen. Was gibt es heute?
Frau Haber: Um halb neun haben Sie ein Gespräch mit Herrn Spät, eine viertel Stunde später ein Telefonat mit John Barnes.
Herr Lang: Schon um Viertel vor neun? Die Zeit ist knapp. Wie viel Uhr haben wir jetzt?
Frau Haber: Es ist Viertel nach acht. Sie haben noch etwas Zeit. Hier sind die Umsatzzahlen bis gestern.
Herr Lang: Danke. Übrigens, hat Herr Spät eine Lösung für die M-CC-1 für Wien?
Frau Haber: Ja, die Montageabteilung macht Überstunden.
Herr Lang: Das ist prima.

2. *Markieren Sie bitte die Sätze mit »ja« und »aber« im Lehrbuchtext! Welche verschiedenen Bedeutungen/Funktionen haben »ja« und »aber« hier?*

3. *Markieren Sie bitte die Sätze mit »denn« im Lehrbuchtext! Welche Bedeutung/Funktion hat »denn« hier? Kennen Sie eine andere Bedeutung/Funktion von »denn«?*

2 **»aber« und »ja« als Abtönungspartikeln** S. 77

... **aber** ...	[Staunen über Größe, Menge oder Umfang]	Die Zeit ist **aber** knapp.
... **ja** (...).	[Übereinstimmung voraussetzen]	a) Ihre Adresse haben wir **ja**. Die Vorwahl von Erlangen wissen Sie **ja**. Vielleicht können Sie **ja** Überstunden machen.
	[Staunen]	b) Das ist **ja** prima.
aber! ..., **aber**		▲ Haben Sie mein Telefax nicht bekommen? ■ Ja, **aber** da ist noch etwas unklar.
Ja (,...).		▲ Hat Herr Spät schon eine Lösung gefunden? ■ **Ja**, die Montageabteilung macht Überstunden.

1. *Können Sie die Beispielsätze in Ihre Sprache übersetzen?*

2. *Wo kann »aber« und/oder »ja« stehen?*

Ich habe ihn schon lange nicht mehr gesehen. Er hat nie Zeit.

Ich habe ihn schon lange nicht mehr gesehen. Er hat ja nie Zeit.

a) Sie arbeiten viel, Herr Hausmann.

b) 1000 DM kostet das? Das ist zu viel.

c) Sie kennen Herrn Klein. Er ist da sehr genau.

3. *Ergänzen Sie bitte »aber« oder »ja«! Wo sind »aber« und »ja« Abtönungspartikeln?*

▲ Kann ich den Chef sprechen?

■ *Ja* , *aber* nur kurz. Um Viertel nach neun hat er eine Besprechung.

▲ Nur 15 Minuten? Das ist _____ knapp. Und morgen? Hat er dann mehr Zeit?

■ _____, morgen Nachmittag hat er nur einen Termin.

5 ▲ Da habe ich _____ Glück. Wann genau soll ich kommen?

■ Um 15.00 Uhr, geht das?

▲ _____, das geht.

■ Kommt Herr Hansen auch?

▲ Nein, Herr Hansen ist krank.

10 ■ Schon wieder? Er fehlt _____ sehr oft.

▲ Nun, Sie wissen _____: Er hat Probleme mit seiner Frau. Und da trinkt er zu viel.

■ Das geht _____ schon lange so, nicht?

▲ _____, schon seit einem Jahr.

■ Warum besuchen Sie ihn nicht mal und sprechen mit ihm? Vielleicht können Sie ihm _____ helfen.

15 ▲ Stimmt. Das mache ich. _____ jetzt muss ich gehen. Auf Wiedersehen.

■ Auf Wiedersehen.

---

3 **»denn« und »doch« als Abtönungspartikeln** S. 77

... **denn** (...)?	[freundlicher]	a) Wie geht's **denn** heute? Was gibt es **denn** heute?
	[Erstaunen]	b) ▲ Herr Lang ist schon ganz gespannt. ■ Warum? Ist **denn** mein Telefax aus Wien nicht angekommen?
... **doch** (...)!	[Aufforderung]	Fragen Sie **doch** mal die Mitarbeiter! Kommen Sie **doch** bitte gleich!
aber!	**Doch**, ...	▲ Haben Sie das nicht gewusst? ■ **Doch**, aber ich habe es nicht für wichtig gehalten.
	......, **denn**	Sie können Herrn Klein nicht sprechen, **denn** er ist bei unserem Kunden in Wien.

1. *Können Sie die Beispielsätze in Ihre Sprache übersetzen?*

2. Fragen Sie bitte etwas freundlicher! Benutzen Sie »denn«!

Guten Tag, Herr Klein. Was haben Sie am Sonntag gemacht?

Guten Tag, Herr Klein. Was haben Sie denn am Sonntag gemacht?

a) Warum ist dieses Auto so teuer?

b) Warum sind Sie gestern nicht gekommen?

c) Wer hat Sie so oft angerufen?

3. Ergänzen Sie bitte »denn«!

▲ Wir möchten einen ganz neuen Motor entwickeln.   ■ Können Sie das?

Wir möchten einen ganz neuen Motor entwickeln. – Können Sie das denn?

a) ▲ Wann brauchen Sie das Teil?   ■ So schnell wie möglich. Wann ist es lieferbar?

b) ▲ Ich gehe heute schon um 14.00 Uhr weg.   ■ Dürfen Sie das?

c) ▲ Herr Ewald erwartet Sie schon.   ■ Warum? Hat er meinen Brief nicht bekommen?

4. Wo ist »denn« Abtönungspartikel?

a) Wann können Sie mir den Bericht denn schicken?
b) Erst übermorgen, denn ich muss vorher mit Herrn Klein sprechen.
c) Ist Herr Klein denn jetzt nicht da?
d) Nein. Er ist bei unserem Kunden in Wien, denn es hat noch Probleme gegeben.

5. Wo ist »doch« Abtönungspartikel?

a) Rauchen Sie nicht? – Doch, aber nicht viel.
b) Ich muss dringend Herrn Lang sprechen. – Rufen Sie ihn doch an!
c) Hat Herr Klein keine Kinder? – Das weiß ich nicht. Fragen Sie ihn doch!
d) Haben Sie heute wieder keine Zeit? – Doch, aber erst später.

6. Ergänzen Sie bitte »doch«!

Besprechen Sie das mit Herrn Klein! Ich kann Ihnen nicht helfen.

Besprechen Sie das doch mit Herrn Klein! ...

a) Das Telefon ist immer besetzt. – Dann schicken Sie Herrn Neubert ein Telefax!

b) Herr Hausmann ist nicht da? Dann fragen Sie Frau Hellmann!

c) Geben Sie mir mal den Siemens-Ordner!

4 **Inoffizielle Uhrzeit** S. 79

Bitte ergänzen Sie!

Herr Klein fragt seine Frau: „Wie spät ist es?" Sie antwortet:

(14.30 Uhr) *Es ist halb drei.*

a) (22.45 Uhr) _____ c) (16.25 Uhr) _____

b) (22.40 Uhr) _____ d) (17.20 Uhr) _____

Sie fragen einen Herrn auf der Straße: „Entschuldigen Sie, wie viel Uhr ist es, bitte?" Er antwortet:

e) (17.35 Uhr) _____

f) (15.05 Uhr) _____ h) (12.45 Uhr) _____

g) (16.15 Uhr) _____ i) (18.10 Uhr) _____

5 **Ansage im Fernsehen: Offizielle Uhrzeit**

bis S. 79

Samstag, 28. September

1. Programm (ARD)

20.00 **Tagesschau**
20.15 **Die goldene Stimmgabel** (Stereoton). Gala-Abend anlässlich der Verleihung des gleichnamigen Preises.
22.00 **Ziehung der Lottozahlen** (Stereoton)
22.05 **Tagesschau**
22.15 **Das Wort zum Sonntag.** Es spricht Pastorin Oda-Gebbine Holze-Stäblein, Hannover
22.20 **Der Don ist tot.** Amerikanischer Spielfilm von 1973 mit Anthony Quinn, Frederic Forrest, Al Lettieri u. a. Regie: Richard Fleischer
0.10 **Die Rache der Pharaonen.** Englischer Spielfilm von 1959 mit Peter Cushing, Christopher Lee, Yvonne Furneaux u. a. Regie: Terence Fisher
1.35 **Tagesschau / 1.40 Z.E.N.**

Ergänzen Sie bitte!

Es ist 19.58 Uhr. Die Ansagerin im Fernsehen informiert Sie über das Fernsehprogramm von heute. Sie sagt:

Guten Abend, meine Damen und Herren. In wenigen Minuten folgt die „Tagesschau". Anschließend, um

_____, Dieter Thomas Heck live aus der Fried-

rich-Ebert-Halle in Ludwigshafen mit der „Goldenen Stimmgabel". Um _____

_____ folgt die „Ziehung der Lottozahlen". Nach der „Tagesschau" um _____ spricht Pastorin Oda-Gebbi-

ne Holze-Stäblein aus Hannover „Das Wort zum Sonntag". Um _____

_____ folgt der amerikanische Spielfilm „Der Don ist tot" aus dem Jahre 1973 mit

Anthony Quinn in der Hauptrolle. Spannend wird es um _____

_____. Dann zeigen wir Ihnen den englischen Spielfilm „Die Rache der Pharaonen" aus dem

Jahre 1959. Die letzte Ausgabe der „Tagesschau" sehen Sie um _____

_____. Um _____ beenden

wir das Programm mit „Z.E.N.". Wir wünschen Ihnen einen unterhaltsamen Abend.

6 | »Sprechstunden«, »Schalterstunden« oder »Öffnungszeiten«?   `S. 79`

1. *Ergänzen Sie bitte!*

 2. *Schreiben Sie bitte ein Telefongespräch zu den folgenden Situationen!*

a) Sie wollen am Dienstag möglichst früh bei der Deutschen Bank US-Dollars kaufen. Wann öffnet die Bank? Fragen Sie telefonisch!

b) Es ist Montag. Sie sind krank und müssen zum Arzt. Sie haben aber nur nachmittags Zeit. Fragen Sie telefonisch bei Dr. med. K. Hansen nach einem Termin.

Wann haben Sie Sprechstunde?	Wann kann ich kommen?
Von wann bis wann haben Sie (morgens, nachmittags…) Sprechstunde?	Können Sie mir einen Termin geben?
Wie sind Ihre Öffnungszeiten/Schalterstunden?	

7   **seit, ab**   S. 80

Ergänzen Sie bitte!

a) Ich warte _seit_ drei Stunde _n_ auf Herrn Huber, aber er ist immer noch nicht da.

b) Herrn Lang können Sie jetzt nicht sprechen. Er ist erst _____ Montag, d_____ viert_____ März, wieder in Fürth.

c) Er arbeitet schon _____ zwanzig Jahr_____ bei der Firma Lang.

d) Die R-XY-112 ist zur Zeit nicht vorrätig. Sie ist erst _____ August wieder lieferbar.

e) Die Preiserhöhung gilt schon _____ letzt_____ Februar.

f) Der Dollarkurs ist _____ d_____ dritt_____ November nicht mehr gefallen.

8   **Die Firmenorganisation**   S. 80

1. *Ergänzen Sie den folgenden Text! Benutzen Sie bitte das Passiv!*

Die Firma Lang hat einen neuen Auszubildenden. Ein Angestellter erklärt ihm die Firmenorganisation:

▲ Die Fertigung umfasst die Bereiche Forschung und Entwicklung, Produktion und Materialwirtschaft. Hier also _werden_ unsere Produkte _____ und _____

(entwickeln, produzieren). Für die Produktion brauchen wir natürlich verschiedene Materialien. Welche

5   Materialien müssen _____ (kaufen) und bei wem kauft man

sie? Wo sollen sie _____ (lagern)? Das alles muss

_____ (planen).

■ Ja, das verstehe ich. Und wer macht das?

▲ Das macht die Materialwirtschaft. – Aber nun kommen wir zum Vertrieb, dem zweiten Hauptbereich hier bei

10   Lang. Hier _____ der Markt für unsere Produkte _____ (erforschen).

Hier _____ (besprechen): Wie kann der Absatz _____

_____ und _____ (sichern, steigern)? Und natürlich

_____ für unsere Produkte auch _____ (werben). Das macht die

Werbeabteilung.

15   ■ Und wo _____ die Produkte _____ (bestellen)?

▲ Normalerweise bei unserem Vertreter oder direkt bei der Firma. Die Bestellungen _____

dann an die Auslieferung _____ (leiten). Sie liefert unsere Produkte an den Kunden.

■ Der dritte Hauptbereich ist dann die Verwaltung, nicht?

▲ Stimmt.

20   ■ Und welche Aufgaben hat sie?

▲ In der Personalabteilung _____ Personalfragen _____ (diskutieren).

Die Buchhaltung ist ein weiterer wichtiger Aufgabenbereich. Auch Kalkulationen _____

hier _____ (machen). – Ah, da ist ja Herr Spät. Kennen Sie den schon?

9 **Was muss noch gemacht werden?** S. 80/81

Der Brief an Siemens *muss noch diktiert werden.*

a) Das Steuerungsmodul

b) Die Rechnung

c) Das Problem mit der M-CC-1

d) Herr Huber

e) Der Vorschlag

f) Der Bericht

diktieren (crossed out)   benachrichtigen   bestellen   lesen   schreiben   besprechen   diskutieren

10 **Aus dem Katalog** S. 80/81

Formulieren Sie bitte im Passiv!

Und so bekommen Sie unsere Produkte: Sie bestellen die gewünschte Ware telefonisch direkt bei uns. Wir bestätigen Ihnen dann den Auftrag und informieren Sie über die Lieferzeiten. Die Ware liefern wir pünktlich zum Liefertermin. Mit der Ware schicken wir Ihnen die Rechnung. Sie zahlen sie bar bei Lieferung.

Und so bekommen Sie unsere Produkte: Die gewünschte Ware wird

11 **Passiv** S. 80/81

Antworten Sie bitte!

Was heißt:

Die M-CC-1 ist erst ab 1.4. lieferbar.

a) Dieses Gerät ist nicht mehr benutzbar.

b) Dieses Phänomen ist nicht erklärbar.

c) Dieser Brief ist nicht leicht lesbar.

d) Unser Auto ist alt und nicht mehr reparierbar.

e) Ist mein Vertrag noch verlängerbar?

f) Sind hier alle Folien bis zu 127 mm Breite verwendbar?

Das heißt:

Die M-CC-1 kann erst ab 1.4. geliefert werden.

12 | Die Deutsche Bundesbank   S. 82

Welche Aufgaben hat die Deutsche Bundesbank?

	richtig	falsch
Sie beeinflusst die umlaufende Geldmenge.	✗	
a) Sie unterstützt die staatliche Außenpolitik.		
b) Sie stellt den Firmen Kredite zur Verfügung.		
c) Sie hebt monatlich den Diskontsatz.		
d) Sie überwacht die Kreditversorgung.		
e) Sie wählt ihr Direktorium.		
f) Sie sichert die Währungsstabilität.		
g) Sie unterstützt die staatliche Wirtschaftspolitik.		

13 | Die größten deutschen Industrieunternehmen   S. 84–86

 Vergleichen Sie die fünf größten Autofirmen! Welchen Rang haben sie 1995 gehabt? Welchen Umsatz haben sie erzielt? Wo ist ihr Sitz? Wie hoch ist die Beschäftigtenzahl gewesen?

... steht	an erster Stelle	Der Umsatz von ... beträgt ...
	auf Platz 1	Den höchsten Umsatz hat ... mit ... erzielt
Auf dem zweiten Rang	folgt ...	Die meisten Beschäftigten hat ... mit ...
An zweiter Stelle		... hat seinen Sitz in ...
Es folgt	auf dem zweiten Rang ...	
	an zweiter Stelle ...	
... hat einen Umsatz von ...	erzielt	
	gehabt	

14 | Umsatzzahlen   S. 85

Ergänzen Sie bitte den folgenden Dialog! Benutzen Sie die Grafik im Lehrbuch auf S. 85 unten!

Herr Huber: Frau Götze, ich kann die Tabelle mit den Umsatzzahlen von 1995 nicht finden, aber ich brauche die Zahlen dringend.

Frau Götze: Sprechen Sie doch mit Herrn Becker! Er kann sie Ihnen sicher geben.

Frau Götze verbindet Herrn Huber mit Herrn Becker.

5   Herr Becker: Becker. Guten Tag!

Herr Huber: *Guten Tag, Herr Becker.*

_____

Herr Becker: Ja, ich habe die Tabelle gerade vor mir auf dem Schreibtisch. Was möchten Sie wissen?

Herr Huber: _____

10   Herr Becker: Daimler-Benz? Einen Moment. – Daimler-Benz hat einen Umsatz von 104 Milliarden DM erzielt.

Herr Huber: _____

Herr Becker: Ja. Daimler-Benz ist wieder die Nummer 1.

Herr Huber: _____

Herr Becker: Siemens mit 89 Milliarden DM.

15 Herr Huber: _____

Herr Becker: 88 Milliarden DM.

Herr Huber: _____

Herr Becker: Shell liegt mit 22 Milliarden DM Umsatz an vorletzter Stelle.

Herr Huber: _____

20 Herr Becker: 45 Milliarden DM.

Herr Huber: _____

Herr Becker: Nichts zu danken, Herr Huber. Auf Wiederhören!

15 Die Bilanz   `S. 86`

 Lesen Sie bitte den Text und ergänzen Sie das Diagramm!

Bilánz, die [italien., aus lat. bilanx], Rechnungsabschluss, summar., gegliederte Gegenüberstellung aller an einem best. Tag in einer Unternehmung eingesetzten Werte nach ihrer Herkunft (Passiva) und ihrer Verwendung (Aktiva). Die Posten auf der Aktivseite geben Auskunft über das Vermögen, unterteilt nach Anlage- und Umlaufvermögen. Maschinen, Grund und Boden, Gebäude und Fahrzeuge zählen zum Anlagevermögen. Rohstoffe und Halbfabrikate, Fertigfabrikate, Kundenforderungen und Bankguthaben und Barmittel bilden das Umlaufvermögen. Die Posten auf der Passivseite geben Auskunft über das Kapital. Dabei wird unterschieden zwischen dem Eigenkapital und dem Fremdkapital. Bankdarlehen, Wechsel, Verbindlichkeiten und Rückstellungen zählen zum Fremdkapital. //die B. ziehen: Rechnungsabschluss machen, allg. das Ergebnis feststellen; die B. verschleiern, frisieren: verschönern; ausbilanzieren: ausgleichen.

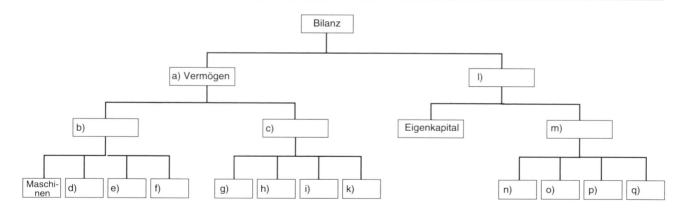

16 Herr van Beeken kommt   `bis S. 86`

Morgen sollen Herr van Beeken aus Amsterdam und Herr Hauge aus Oslo kommen. Frau Haber hat bereits Hotelzimmer für die beiden Herren reserviert. Nun hört sie: Herr van Beeken bleibt nicht zwei Tage, sondern drei, und Herr Hauge kann erst nächste Woche kommen. Sie telefoniert mit dem Hotel und verlängert die Reservierung für Herrn van Beeken. Die Reservierung für Herrn Hauge storniert sie, denn eine Reservierung für die folgende Woche ist in diesem Hotel leider nicht mehr möglich.

 Schreiben Sie bitte das Telefongespräch und spielen Sie die Situation dann im Kurs!

1 **Wir brauchen mehr Personal** `S. 89/90`

Bitte schreiben Sie einen Dialog! Hier ist die Dialogskizze:

Herr Klein spricht mit Herrn Spät über einen eiligen Auftrag.

Herr Klein:

- Kunde in Frankfurt: Prägemaschine
- dringend
- Lieferzeit?

- zu lang
- Auftrag dringend
- frühere Lieferung möglich?

- Problem: zu lange Lieferzeiten
→ Kunden bestellen bei Konkurrenz

- stimmt zu

Herr Spät:

- zur Zeit 4 Monate

- Nein, Engpass
- Montageabteilung: macht schon Überstunden

- stimmt zu
- mehr Personal notwendig
→ Gespräch mit Herrn Lang: Aufstellung über Personalbedarf

Klein: *Ein Kunde in Frankfurt braucht eine Prägemaschine ..*

Spät: _____

2 **Rechtschreibung: Was stimmt hier nicht?** `S. 90`

Bitte korrigieren Sie die unterstrichenen Wörter!

a) Der Komponist <u>Bethoven</u> hat von 1770 bis 1827 gelebt.

b) Die größten <u>Binnenseeen</u> in Deutschland sind der <u>Bodenseh</u> und der <u>Müritzseh</u>.

c) <u>Meer</u> Personal bedeutet natürlich <u>höere</u> Kosten.

d) Lange <u>Lihferzeiten</u> schaden uns <u>ser</u>, Herr Lang; wir <u>verliren</u> Kunden. – Das <u>see</u> ich ein, Herr Spät.

e) <u>Geen</u> Sie heute noch zur IHK, Herr Lang? – Ja, dort findet ein interessanter <u>Vohrtrag</u> über <u>Exportfinan-zihrung</u> statt.

a) *Beethoven* _____ b) _____ c) _____

d) _____ e) _____

3 **Rechtschreibung: »x« oder »chs«?** `S. 90`

Bitte ergänzen Sie!

a) Mit mehr Personal kann die Firma Lang einen Umsatzzuwa_____ erreichen.

b) Nä_____ten Dienstag ist der Patentanwalt schon um 8.00 Uhr in seiner Pra_____is. Herr Lang will

mit dem Ta_____i zu ihm fahren.

c) 1989 haben die USA die hö_____ten Exportzahlen erzielt.

d) Immer mehr Unternehmen haben heute fle_____ible Arbeitszeiten.

e) We_____el gehören zu den Passiva.

f) Niedersa_____en, Sa_____en und Sa_____en-Anhalt sind Bundesländer.

4 Rechtschreibung: »ß« oder »ss«? `S. 90`

1. Bitte ergänzen Sie!

a) Der längste Flu_____ in Deutschland ist der Rhein; er ist auch die wichtigste

   Wa_____erstra_____e für die europäische Binnenschifffahrt.

b) Die Firma Lang hat immer wieder Engpä_____e in der Produktion.

c) Herr Klein ist Au_____endienstmitarbeiter bei der Firma Lang.

d) Die ANUGA in Köln ist die Allgemeine Nahrungs- und Genu_____mittelausstellung in Köln.

e) Die Gro_____unternehmen der Autobranche hei_____en Daimler Benz, Volkswagen, BMW, Ford und Opel.

f) Herr Huber besucht einen intere_____anten Vortrag über Exportfinanzierung bei der IHK.

   Anschlie_____end fährt er kurz nach Hause und um 20.00 Uhr geht er mit Herrn van Beeken zum

   Abende_____en.

g) „Frau Götze, wi_____en Sie, wie der Hauptgeschäftsführer der IHK Gie_____en hei_____t?"

h) Siemens gehört zu den grö_____ten Industrieunternehmen in Deutschland.

5 Ein Sonntag bei Herrn Lang jun. `S. 91/92`

 1. Bitte beschreiben Sie den Tag von Herrn Lang! Benutzen Sie dabei die folgenden Verben und Zeitangaben!

Es ist Sonntag. Herr Lang jun. (Student in Heidelberg) will mit seiner Freundin einen Ausflug nach Rothenburg ob der Tauber machen.

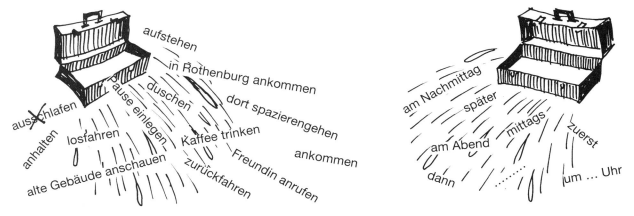

Es ist Sonntag. Herr Lang jun. schläft aus. Um...

2. Bitte schreiben Sie weiter!

Am nächsten Tag erzählt Herr Lang jun. einem Freund von dem Ausflug.

Gestern habe ich mit meiner Freundin einen Ausflug nach Rothenburg ob der Tauber gemacht.

6 Trennbare Verben `S. 91`

Bitte bilden Sie trennbare Verben! Kontrollieren Sie im Lexikon oder fragen Sie Ihre Lehrerin/Ihren Lehrer!

statt- zurück-
los- durch- aus-
-ab- vor- ein-
mit- auf- her- an-

-sehen -fahren -bringen
-kommen -rufen -laden -finden -gehen
-holen -kaufen
-schauen -stellen -hören -schlafen

ankommen,

7 Trennbare Verben mit Modalverben `S. 91`

Bitte beantworten Sie die Fragen!

Findet die Besprechung um 14.00 Uhr statt?
(erst / anfangen / können / um 14.30 Uhr)

Nein, sie kann erst um 14.30 Uhr anfangen.

a) Kommt Herr van Beeken mit in die Besprechung?
(nicht mitkommen / können)

Nein, _____

b) Rufen Sie vorher noch bei Sturm in Wien an?
(erst morgen / anrufen / wollen)

Nein, _____

c) Kommen Sie nach der Besprechung sofort zurück?
(zuerst / Sohn / abholen / müssen)

Nein, _____

d) Bringen Sie Ihren Sohn dann mit?
(er / einkaufen / sollen)

Nein, _____

8 Partizip der trennbaren und nicht trennbaren Verben `S. 92`

Bitte bilden Sie von den folgenden Verben das Partizip! Unterscheiden Sie zwischen trennbaren und nicht trennbaren Verben!

einsehen, besprechen, ausschlafen, erhalten, bekommen, mitkommen, verstehen, erwarten, einladen, mitbringen, verbrauchen, entwickeln, umsteigen, vorstellen, widersprechen, einkaufen, verkaufen, anrufen, entdecken, erfinden, stattfinden, versuchen, ergänzen

trennbar	nicht trennbar
eingesehen, ausgeschlafen,	*besprochen,*

Welche Vorsilben sind nicht trennbar?

be-,

9 ◇—◇—◇ Trennbare Verben   S. 91/92

Bitte ordnen Sie die Sätze und schreiben Sie sie in die drei Tabellen!

Heute kann ~~ich~~ ausschlafen. / Das Telefax wird ~~heute~~ noch abgeschickt. / Der Vortrag ~~findet~~ in der IHK statt. / Haben Sie schon eingekauft? / Wann fängt die Besprechung an? / Darf ich Ihnen unsere neue Mitarbeiterin vorstellen? / Fahren Sie bitte sofort los! / Wollen Sie heute Mittag eine Pause einlegen? / Die Kosten laufen uns davon. / Die Besprechung hat am Nachmittag stattgefunden. / Wann wird Herr van Beeken abgeholt? / Müssen Sie morgens früh aufstehen? / Haben Sie morgen viel vor? / Zuerst will ich meinen Kalender durchschauen. / Ist der Brief schon angekommen?

1.

	Verb		Vorsilbe
Der Vortrag	findet	in der IHK	statt.

2.

	Modalverb		Infinitiv
Heute	kann	ich	ausschlafen.

3.

	Hilfsverb		Partizip
Das Telefax	wird	heute noch	abgeschickt.

10 Verben mit Vokalwechsel   S. 93

1. *Bitte lesen Sie den Text auf S. 93 oben und unterstreichen Sie die Verben mit Vokalwechsel im Präsens! Wie lautet der Infinitiv?*

Das Verb »lesen« ist z.B. ein Verb mit Vokalwechsel. Infinitiv: »lesen«, 3. Person Präsens: »sie liest«.

Form im Text:	Infinitiv:
1. _____	_____
2. _____	_____
3. _____	_____
4. _____	_____

2. Sie kennen noch andere Verben mit Vokalwechsel. Bilden Sie die 3. Person Präsens von folgenden Verben:

sprechen, fahren, werben, fallen, einladen, geben, enthalten, schlafen, gelten, werden

Vokalwechsel e → i **Vokalwechsel a → ä**

Infinitiv	3. Pers. Präsens	Infinitiv	3. Pers. Präsens

11 Die SIHK und ihre Aufgaben   S. 93

Die Südwestfälische Industrie- und Handelskammer zu Hagen (Abkürzung: SIHK) ist die Selbstverwaltung von gewerblichen Wirtschaftsunternehmen in der Stadt Hagen, im Märkischen Kreis und im südlichen Ennepe-Ruhr-Kreis. Alle Unternehmen im Kammerbezirk sind Mitglied in der SIHK. Das sind rund 36000 Unternehmen, die meisten sind kleine und mittelständische Betriebe. Die Kammern werden auch „Partner der Wirtschaft"
5   genannt. Was tun sie nun für ihre Mitglieder? Eine Gruppe von irischen Studenten hat Herrn Runar Enwaldt, Hauptgeschäftsführer bei der SIHK, gefragt. Die jungen Irinnen und Iren machen zur Zeit ein Praktikum bei Firmen im Kammerbezirk. Herr Enwaldt gibt allen Studentinnen und Studenten ein Organigramm der Kammer und erklärt:

10   „Ich möchte Ihnen die Organisation von unserer Kammer beschreiben, denn das macht einige von unseren Aufgaben klar. Deshalb habe ich Ihnen unser Organigramm gegeben. Also, die SIHK hat insgesamt sieben Dezernate. Diese sind für verschiedene Aufgabenbereiche zuständig.
Dezernat I umfasst die Hauptgeschäftsführung. Sie führt die Kammergeschäfte und hat die Dienstaufsicht. Zu ihren Aufgaben gehört außerdem die Informations- und Pressearbeit, besonders Kontakte zu Presse, Rundfunk und Fernsehen.
15   Außenwirtschaft und ausländisches Recht sind die beiden Arbeitsbereiche von Dezernat II. Dieses Dezernat organisiert Informationsveranstaltungen zur Außenwirtschaft und ist zuständig für die Kooperation mit ausländischen Industrie- und Handelskammern und mit den Auslandshandelskammern. Außerdem kann man hier Informationen zu Ein- und Ausfuhrfragen und zur Exportfinanzierung erhalten und es werden Auskünfte über ausländische Firmen gegeben.
20   Dezernat III ist für die Berufsbildung zuständig. Zu diesem Bereich gehören die Berufsausbildung und die kaufmännische und technische Weiterbildung. Dieses Dezernat berät bei allen Fragen zur Aus- und Weiterbildung und nimmt die Zwischen- und Abschlussprüfungen für Auszubildende ab. Außerdem gehören zu diesem Dezernat einige technische Lehrwerkstätten. Dort werden Jugendliche in technischen Berufen im ersten Lehrjahr ausgebildet.
25   Der Aufgabenbereich von Dezernat IV ist die Industrie. Hier bietet die Kammer einen guten Informations- und Beratungsservice zu den Themen Energiewirtschaft (Strom, Gas, Wasser, Fernwärme etc.), Umweltschutz (Abfallwirtschaft, Luftreinhaltung, Recycling etc.), Technologie und Absatzwirtschaft an.
Dezernat V umfasst die Bereiche Steuern, Handel und Strukturfragen. Hier spielen Steuer- und Finanzfragen eine wichtige Rolle. Außerdem gehört die Wirtschaftsförderung zu den Aufgaben von Dezernat V,
30   d. h. hier können Unternehmen über Finanzierungshilfen etc. beraten werden.
Dezernat VI ist für den Verkehr (Verkehrspolitik, Verkehrsplanung, Verkehrsrecht) und die Inlandsmessen zuständig.
Dezernat VII ist die Verwaltung. Sie umfasst die Büroorganisation, das Personalwesen und die Hausverwaltung. Außerdem gehören die Kasse und die Finanzbuchhaltung, das Beitragswesen (viele Mitglieder
35   müssen einen Mitgliedsbeitrag zahlen), die Datenverarbeitung und der technische Dienst zu ihren Aufgabenbereichen."

1. *Bitte unterstreichen Sie in dem Text die Hauptinformationen! Welche wichtigen Wörter kennen Sie nicht? Bitte benutzen Sie das Lexikon!*

2. *Herr Enwaldt hat den Studentinnen und Studenten aus Irland ein Organigramm der Kammer gegeben. Bitte ergänzen Sie dieses Organigramm, und notieren Sie die Hauptaufgabenbereiche!*

```
                        ┌─────────────────────────┐
                        │ Dezernat I:             │
                        │                         │
                        │ Hauptgeschäftsführung   │
                        │                         │
                        │   Führung der Kam-      │
                        │ ─ mergeschäfte          │
                        │                         │
                        │ ─ Dienstaufsicht        │
                        │                         │
                        │ ─                       │
                        └─────────────────────────┘
```

Dezernat II:	Dezernat III:	Dezernat IV:	Dezernat V:	Dezernat VI:	Dezernat VII:
Außenwirtschaft und aus- ländisches Recht	_____ _____	_____ _____	_____ _____	_____ _____	_____ _____
─	─	─	─	─	─
─	─	─	─	─	─

3. *Bitte lösen Sie die folgenden Aufgaben zum Text und zum Organigramm! Bitte notieren Sie immer das Dezernat und seinen Namen!*

a) Herr Lang besucht einen Vortrag über Exportfinanzierung bei der IHK Fürth. Welches Dezernat bei der SIHK organisiert einen Vortrag mit diesem Thema? _____

b) Drei Auszubildende bei der Firma Brandt in Hagen sollen ihre Abschlussprüfung machen. Welches Dezernat bei der SIHK ist zuständig? _____

c) Herr Knapp aus Hagen möchte zwei Mitarbeiter zur Hannover Messe schicken. Wo bekommt er Auskünfte über die Messe und Messekarten? _____

d) Das mittelständische Unternehmen Schulz in Hagen sucht einen Geschäftspartner in Südkorea. Wo kann Herr Schulz Informationen über koreanische Firmen bekommen? _____

e) Die kleine Firma Schneider (Hersteller von Metallwaren) braucht einen neuen Auszubildenden für die Produktion: Wo wird er im ersten Lehrjahr ausgebildet? _____

f) Frau Groß von der Firma Mohn hat Fragen zum Thema Recycling. Wo kann sie anrufen? _____

g) Die Firma Schwarz feiert ihr 25-jähriges Jubiläum. Sie möchte einen Vertreter der Kammer einladen. Er soll auch einen Bericht für die Presse schreiben. Bei welchem Dezernat fragt sie nach? _____

h) Frau Stein hat eine Frage zu den Mitgliedsbeiträgen. Welches Dezernat kann ihr Auskunft geben? _____

12 bis, bis zu   S. 94

Bitte ergänzen Sie die Präpositionen und die richtigen Artikel!

Fahren Sie ___*bis zum*___ Bahnhof und dann die erste Straße rechts. Das ist die Kölnstraße.

a) Die Mitarbeiterbesprechung dauert _____ 12.00 Uhr.

b) Herr Spät hat vom 1.8. _____ 31.8. Urlaub.

c) _____ Werksferien sind es noch vier Wochen.

d) _____ November kann kein Urlaub genommen werden.

e) Ihr Arbeitsvertrag läuft _____ Sommer.

f) _____ Winter 92 muß die Wahl stattgefunden haben.

13 Präpositionen: »an«, »vor«, »unter«, »auf«, »hinter«

1. *Bitte beschreiben Sie das Büro von Frau Haber und ergänzen Sie die Präpositionen und die Artikel!*

Der Schreibtischstuhl steht ___*hinter dem*___ Schreibtisch.

a) Frau Haber sitzt _____ Schreibtisch.

b) _____ Schreibtisch stehen die Schreibmaschine und der Computer.

c) Rechts _____ Schreibtisch stehen ein Telefon und ein Anrufbeantworter.

d) Herr Spät sitzt _____ Schreibtisch _____ Stuhl.

e) _____ Schreibtisch steht eine Lampe.

f) Der Papierkorb steht _____ Schreibtisch.

g) _____ Wand _____ Schreibtisch hängen zwei Bilder und ein Kalen-

der.

2. *Jetzt beschreiben Sie bitte Ihr Büro / Ihr Arbeitszimmer / Ihr Klassenzimmer!*

14 **Dativ oder Akkusativ?** S. 94

1. Bitte ergänzen Sie »in« und den richtigen Artikel!

Sie gehen

ins Restaurant, _____ Büro, _____ Besprechung, _____ Werkhalle, _____ Stadt,

_____ Theater, _____ Krankenhaus, _____ Betrieb, _____ Lager

Sie sind

im Zimmer, _____ Werkstatt, _____ Betrieb, _____ Ausbildung, _____ Hotel Forst-

haus, _____ IHK, _____ DIHT, _____ Bahnhof

2. Bitte ergänzen Sie »an« und den richtigen Artikel!

a) Er sitzt _____ Schreibtisch.

b) Er schreibt einen Brief _____

   Herr_____ van Beeken.

c) Sie schickt das Telefax _____ Patentamt.

d) Er geht _____ Fenster.

e) Wir fahren _____ Nordsee.

f) Nächstes Jahr machen

   wir Urlaub _____ Ostsee.

g) Herr Lang wartet _____ Flughafen.

15 **»stehen« oder »liegen«?** S. 94

1. *Das Buch „Wirtschaft" liegt auf dem Tisch.*
2. *Das Buch „Der Manager"* _____
3. _____
4. _____
5. _____
6. _____
7. _____
8. _____
9. _____
10. _____

16 **Chaos im Büro!** S. 94

1. *Nach einer Betriebsfeier kommt die Putzfrau in das Büro von Herrn Spät. Es sieht chaotisch aus! Bitte beschreiben Sie es!*

> *Der Schreibtisch steht mitten im Zimmer. ...*

2. *Die Putzfrau muss aufräumen. Was macht sie?*

> *Sie bringt die Gläser und Tassen wieder ins Besprechungs-zimmer. Den Schreibtisch stellt sie wieder an die Wand. ...*

17 **Noch einmal: Präpositionen** S. 94

Bitte ergänzen Sie die Präpositionen und die Artikel!

_____*Im*_____ Büro von Herrn Lang soll eine Besprechung stattfinden. Vor der Besprechung geht Frau Haber _____ Zimmer und öffnet die Fenster. Sie legt einen Ordner und andere Unterlagen _____ Tisch. Später kommt Herr Lang _____ Zimmer. Er schaut kurz die Unterlagen _____ Schreibtisch durch. Dann kommen Herr Spät und Herr Mitter _____ Büro. Herr Lang sitzt noch _____ Schreibtisch. Frau Haber bringt die Getränke _____ Zimmer. Sie stellt Kaffee, Tee und Tassen _____ Tisch. Nach der Bespre-chung geht Herr Spät _____ Zimmer von Frau Hellmann. Herr Mitter wird _____ Werkstatt gerufen. Herr Lang fährt _____ Stadt. _____ IHK findet ein Vortrag über Unternehmensführung statt.

18 Artikel oder kein Artikel? S. 96

a) ▲ Kennen Sie Frau Haber?

　　■ Ja, sie ist _____ Sekretärin bei der Firma Lang.

　　▲ Ist sie _____ gute Sekretärin?

　　■ Ja, das finde ich schon.

b) ▲ Arbeiten Herr Mitter und Herr Heuberger auch bei der Firma Lang?

　　■ Ja, Herr Mitter ist _____ Ingenieur und _____ Konstruktionsbüroleiter und Herr Heuberger ist

　　_____ Werkstattmeister.

c) ▲ Ist Frau Haber Ihre Sekretärin, Herr Spät?

　　■ Nein, sie ist _____ Sekretärin von Herrn Lang.

19 Personalkosten S. 97

Bitte markieren Sie im Text aus S. 97 die wichtigsten Informationen und machen Sie Notizen!

20 Was für ein großes Büro! S. 97

Frau Hellmann kommt in das neue Büro von Frau Haber. Sie sagt:

(Büro, groß): *Was für ein großes Büro !*

a) (Einrichtung, modern): _____

b) (Schreibtisch, schön): _____

c) (Geräte, neu): _____

Frau Hellmann fragt Frau Haber:

d) In _____ Geschäft haben Sie die Büroeinrichtung gekauft?

e) _____ Schreibmaschine haben Sie genommen?

f) Mit _____ Computerprogramm arbeiten Sie jetzt?

21 Was passt? S. 98

	Situation:	Sie sagen:	
A	Sie sitzen mit einer Kollegin in einer Bar und trinken Bier.	Guten Appetit!	1
B	Es ist Freitagabend und Ihre Kollegin geht von der Arbeit nach Hause.	Ich wünsche Ihnen einen schönen Urlaub!	2
C	Ihr Kollege liegt im Krankenhaus. Sie rufen ihn an.	Prosit! *oder:* Prost! *oder:* Auf Ihr Wohl! *oder:* Zum Wohl!	3
		Viel Vergnügen! Einen schönen Abend!	4
		...kwunsch ...fung!	5
			6
			7

---

10 Aus dem Katalog S. 80/81

Formulieren Sie bitte im Passiv!

Und so bekommen Sie unsere Produkte: Sie bestellen die gewünschte Ware telefonisch direkt bei uns. Wir bestätigen Ihnen dann den Auftrag und informieren Sie über die Lieferzeiten. Die Ware liefern wir pünktlich zum Liefertermin. Mit der Ware schicken wir Ihnen die Rechnung. Sie zahlen sie bar bei Lieferung.

Und so bekommen Sie unsere Produkte: Die gewünschte Ware wird ...

11 Passiv S. 80/81

Antworten Sie bitte!

Was heißt:

Die M-CC-1 ist erst ab 1.4. lieferbar.

Das heißt: *Die M-CC-1 kann erst ab 1.4. geliefert werden.*

a) Dieses Gerät ist nicht mehr benutzbar.

b) Dieses Phänomen ist nicht erklärbar.

c) Dieser Brief ist nicht leicht lesbar.

d) Unser Auto ist alt und nicht mehr reparierbar.

e) Ist mein Vertrag noch verlängerbar?

f) Sind hier alle Folien bis zu 127 mm Breite verwendbar?

benachrichtigen bestellen lesen schreiben besprechen diskutieren

richtig falsch

...? *... noch diktiert werden.* S. 80/81

1 Der ideale Chef `S. 99`

MEIN LIEBER MEIER, ES EHRT MICH SEHR, DASS SIE MICH ALS VORBILD NEHMEN WOLLEN, – ABER ES KANN IN UNSERER FIRMA NICHT NUR SO ERFOLGREICHE WIE MICH GEBEN, – WIR BRAUCHEN AUCH LEUTE, DIE ARBEITEN.

oft auf Geschäftsreise
belastbar
kennt seine Mitarbeiter nicht gut
unsportlich
aktiv
dynamisch
arbeitet viel
ernsthaft
spricht mehrere Fremdsprachen

unfreundlich
chaotisch
zahlt niedrige Gehälter
verheiratet
nicht mehr jung
ideenreich
nicht oft krank
eine Frau
unpünktlich

1. Wie ist für Sie ein guter/schlechter Chef?

ein guter Chef	ein schlechter Chef
– *freundlich*	–
–	–
–	–
–	–
–	–
–	–
–	–
–	–
–	–

2. Wie ist Ihr Chef/Ihre Chefin? Stellen Sie ihn/sie bitte vor!

---

12 Die Deutsche Bundesbank `S. 82`

Welche Aufgaben hat die Deutsche Bundesbank?

Sie beeinflusst die umlaufende Geldmenge.

a) Sie unterstützt die staatliche Außenpolitik.

b) Sie stellt den Firmen Kredite zur Verfügung.

c) Sie hebt monatlich den Diskontsatz.

d) Sie überwacht die Kreditversorgung.

e) Sie wählt ihr Direktorium.

f) Sie sichert die Währungsstabilität.

g) Sie unterstützt die staatliche Wirtschaftspolitik.

13 Die größten deutschen Industrieunternehmen

Vergleichen Sie die fünf größten Autofirmen! Welchen Rang hat ... haben sie erzielt? Wo ist ihr Sitz? Wie hoch ist die Beschäftig...

... steht an erster Stelle	Der Ums...
auf Platz 1	Den höch...
Auf dem zweiten Rang	folgt ...	Die meis...
An zweiter Stelle	... hat se...
Es folgt	auf dem zweiten Rang ...
	an zweiter Stelle ...	erzielt
... hat einen Umsatz von ...	gehabt

14 Umsatzzahlen `S. 85`

Ergänzen Sie bitte den folgenden Dialog! Benutzen Sie di...

Herr Huber: Frau Götze, ich kann die Tabelle mit den Umsatzzah... die Zahlen dringend.

Frau Götze: Sprechen Sie doch mit Herrn Becker! Er kann sie Ihn...

Frau Götze verbindet Herrn Huber mit Herrn Becker.

5 Herr Becker: Becker. Guten Tag!

Herr Huber: *Guten Tag, Herr Becker.*

Herr Becker: Ja, ich habe die Tabelle gerade vor mir auf dem Schreibtisch. Was möchten Sie wissen?

Herr Huber:

10 Herr Becker: Daimler-Benz? Einen Moment. – Daimler-Benz hat einen Umsatz von 104 Milliarden DM erzielt.

2 Die Kündigung   S. 100/101

Herr Baumann hat eine Stelle in München gefunden. Er geht deshalb zu Frau Maiwald und kündigt. Frau Maiwald fragt ihn nach den Gründen für die Kündigung. Hat Herr Baumann Probleme mit den Kollegen? Ist ihm das Gehalt nicht hoch genug?

 Bitte schreiben Sie den Dialog zwischen Frau Maiwald und Herrn Baumann!

3 Die Stellenanzeige   S. 100/101

1. *Ordnen Sie bitte das folgende Telefongespräch!*

Frau Maiwald hat die Stellenanzeige für die beiden Facharbeiter entworfen. Nun ruft sie die Nürnberger Nachrichten an.

(1)	Frau Handke:	Einen Moment, ich verbinde.
(2)	Frau Maiwald:	Guten Tag, Maiwald. Kann ich bitte mit der Anzeigenabteilung sprechen?
(3)	Frau Handke:	Nürnberger Nachrichten, Handke.
(4)	Frau Maiwald:	Guten Tag, Maiwald, Firma Lang. Ich habe hier eine Stellenanzeige für die Wochenendausgabe. Da bin ich doch nicht zu spät?
(5)	Frau Hornberg:	Wie groß soll der Anzeigentext denn sein?
(6)	Frau Maiwald:	Können Sie die Anzeige noch gut plazieren?
(7)	Frau Hornberg:	Hornberg. Guten Tag. Was kann ich für Sie tun?
(8)	Frau Maiwald:	Eine Anzeige für zwei Facharbeiterstellen für die Montage.
(9)	Frau Hornberg:	Nein, der Anzeigenschluss ist erst morgen.
(10)	Frau Maiwald:	30mm, 2-spaltig
(11)	Frau Maiwald:	Auf Wiederhören, Frau Hornberg!
(12)	Frau Hornberg:	Das ist ja nicht so groß. Ich denke, das geht. Was für eine Anzeige ist es denn?
(13)	Frau Maiwald:	Und wie teuer wird die Anzeige?
(14)	Frau Hornberg:	Facharbeiter? – Ah ja, da ist noch Platz.
(15)	Frau Hornberg:	Vielen Dank, Frau Maiwald. Auf Wiederhören!
(16)	Frau Maiwald:	96,87 DM? Das geht.
(17)	Frau Hornberg:	Einen Moment. – 30 mm, 2-spaltig? – Das sind 96,87 DM.
(18)	Frau Maiwald:	Ja. Den Text kann ich Ihnen ja per Telefax schicken.
(19)	Frau Hornberg:	Wollen Sie die Anzeige gleich jetzt aufgeben?
(20)	Frau Maiwald:	Ja, das mache ich.
(21)	Frau Maiwald:	Ja, genau. Die genaue Adresse bekommen Sie dann per Telefax.
(22)	Frau Hornberg:	Ja, das geht. – Frau Maiwald, noch eine Frage: Auftraggeber ist die Firma Lang in Fürth, nicht?
(23)	Frau Hornberg:	Gut. Ich reserviere Ihnen dann den Platz. Und das Telefax schicken Sie mir am besten noch heute.

Lösung: *3,* _____

 2. *Frau Maiwald ruft bei der Süddeutschen Zeitung an und gibt die Stellenanzeige für zwei Ingenieure auf. Schreiben Sie bitte das Telefongespräch! Beachten Sie die Informationen auf dem Bestellschein, Seite 96!*

3. *Spielen Sie jetzt bitte das Gespräch mit Ihrem Nachbarn/Ihrer Nachbarin!*

4. *Können Sie den Anzeigentext (zwei Ingenieurstellen) für die Firma Lang entwerfen? Benutzen Sie bitte den Bestellschein unten!*

Bestellschein für eine Stellenanzeige

Stellenanzeigen
1 Anzeigenmillimeter (das ist eine Fläche von 1 mm Höhe und 1 Spalte = 45 mm Breite) kostet DM 4,46 inkl. MwSt. Trifft der Auftrag nach Anzeigenschluss ein, wird der nächstmögliche Erscheinungstermin berücksichtigt.
Anzeigenschluss: Mittwoch 17 Uhr

Preis- und Größenbeispiele inkl. MwSt.:

30 mm/2-spaltig
DM 266,76 inkl. MwSt.

35 mm/1-spaltig
DM 155,61 inkl. MwSt.

20 mm/1-spaltig
DM 88,92 inkl. MwSt.

Bitte veröffentlichen Sie in der Rubrik Stellenanzeigen zum nächsterreichbaren Samstag-Termin eine Anzeige

_____ mm hoch; ___-spaltig zum Preis von DM _____
zuzüglich DM 13,00 Chiffre-Gebühr bei Zusendung, DM 5,00 bei Abholung.
Alle Preise inkl. 15% Mehrwertsteuer.

Der Anzeigentext:

Name: _____

Straße/Nr.: _____

PLZ/Ort: _____

Vorwahl/Telefon: _____

Unterschrift: _____

4 **Substantivierung von Verben** `S. 101`

Wie heißt das Verb?

Konstruieren – die Konstruktion

a) _____ – die Arbeit

b) _____ – die Ankunft

c) _____ – der Beginn

d) _____ – die Bestellung

e) _____ – das Wissen

f) _____ – die Besprechung

g) _____ – die Dusche

h) _____ – die Wohnung

i) _____ – die Lieferung

k) _____ – der Vorschlag

l) _____ – die Erfindung

m) _____ – der Export

n) _____ – die Empfehlung

o) _____ – die Fahrt, der Fahrer

p) _____ – die Forderung

q) _____ – die Beratung

r) _____ – das Gespräch

s) _____ – die Kündigung

5 Stellenanzeigen S. 101

Vergleichen Sie bitte die Stellenanzeigen A und B mit den Zeitungsinseraten 1–19! Was meinen Sie: Welches Inserat passt zu A, welches passt zu B? Warum meinen Sie das?

A

Wir sind ein führendes Handelsunternehmen im Bereich Labortechnik und Laborchemikalien mit mehreren Niederlassungen.

Wir expandieren weiter und suchen zum frühestmöglichen Eintritt eine/n

Bilanzbuchhalter/in

Ihr Aufgabengebiet umfasst:

- eigenverantwortliche Abwicklung von Buchungsvorgängen
  - Monats- und Jahresabschlüsse
  - Umsatzsteuer-Anmeldungen
  - Terminverwaltung (Steuern, Beiträge, etc.)
  - Finanzdisposition

Wir erwarten:
  - Bilanzierungserfahrung
  - ausgeprägtes Zahlenverständnis
  - mehrjährige Berufspraxis
  - Kooperationsbereitschaft in der Zusammenarbeit mit der EDV und dem Controlling
  - Teamgeist

Wenn Sie jetzt noch in der zweiten Reihe sein sollten, geben wir Ihnen die Möglichkeit, in eine verantwortungsvolle Position hineinzuwachsen. Ihr Arbeitsplatz liegt an der U-Bahn-Haltestelle Goetheplatz.

Sind Sie interessiert? Dann senden Sie Ihre aussagefähige Bewerbung an:

B

Wir suchen zum 1. Januar 1992 oder früher eine qualifizierte

Sekretärin

die unsere Geschäftsleitung bzw. die Abteilungsleiter mit Umsicht und Engagement unterstützt.
Sie haben bereits Erfahrung im selbständigen Sekretariatsmanagement, sehr gute Englischkenntnisse und können versiert mit dem PC (Word 5.0) umgehen.
Eine positive Ausstrahlung und sicheres Auftreten wünschen wir uns ebenfalls von Ihnen.
Selbstverständlich für uns ist die gleitende Arbeitszeit, ein angenehmes Betriebsklima und Sozialleistungen, mit denen Sie zufrieden sein werden.
Wenn Sie an einer interessanten, verantwortungsvollen Tätigkeit interessiert sind, dann richten Sie Ihre vollständigen Bewerbungsunterlagen bitte an:

1
REDAKTEURIN
bei renom. österr. Tageszeitung sucht neues Aufgabengebiet im Raum Nürnberg-Erlangen. Zwei Jahre Rundfunkerfahrung, gute Französ.- und Italien.-Kenntnisse. Zuschriften unt. ⌧ ZS39770

2
Ich suche einen Mann...
im Raum 6/7 oder anderswo, der mit lebendigen Partner sein kann - eigenständig, sensibel, mit Gelassenheit, Humor und dem Wunsch nach Austausch und Nähe. Ich bin 47, 168, schlank, dunkel, studiert, mit kl. Tochter (7), aktiv, nachdenklich, eher unkonventionell und mag z. Bsp.: das Meer und Landschaften mit weiten Blick, Theater, Cezanne u. Macke, Hintergründe erkennen u. verstehen, Kinder zuhören, üppige Gärten, trockenen Wein, in Büchern u. Musik versinken u. wiederauftauchen, Menschen mit Zivilcourage wenn möglich mit Foto. Zuschriften unter ⌧ 959003.

3
2-Zimmer-Wohnung Unterhaching
neues Ortszentr. Bj. 88/89, ca. 60 m² Wfl., Kü., Bad/WC, Abstellr., Balk., 5 Min. z. S-B, verm., 330 000,- + 20000,- TG = **350 000,-**

4
Suche jemanden, der mir Textverarbeitung mit WORD 5.5 beibringen kann. Stunde DM 40,-.

5
Sekretärin 37 J., gepfl. Erscheinung, sicheres Auftreten, flexibel, belastbar, unabhängig, sucht zum nächstmöglichen Termin neues Aufgabengebiet. Zuschriften unter ⌧ AS39749

6
Kapitalanlage 2-Zi.-ETW, ca. 49,5 m², Lindenschmitstr., gr. Wohnküche, vermietet, inkl. Stellpl. **DM 219 000,-**

7
Meister im Landmaschinenhandwerk,
31 J., in ungek. Stellung, Abschl. als Jahresbester 1985, sucht neue interessante Herausforderung, z.B. Maschinenbau, Konstruktion o.ä. Zuschriften unter ⌧ ZS 97601

8
AUDI 100 CS, Sportausführung, 2,3 E, 136 PS, 110 km, alpinweiß, EZ 5/87, ZV, Kat., RC, ABS, Klima, Sportfelgen und -sitze (wie neu), 9-fach bereift, Garagenwagen (wie neu), Scheckheft, absolut. Top-Zustand, Pr.: VB.

9
Bilanzbuchhalterin
(40), ortsgebunden, in leitender ungekündigter Stellung, sucht neuen verantwortungsvollen Wirkungskreis. Zuschriften unter ⌧ ZS397366

10
Antiquitäten Lagerverkauf
Große Auswahl an restaurierten und unrestaurierten Möbeln, wie Schreib- und Esstische, Stühle, Schränke, Kommoden, Regale usw. auf 400 m².
Auch für Händler interessant!
Sa., 10–14 Uhr, wochentags 9–18 Uhr, langer Samstag bis 16 Uhr.
Restaurierungswerkstatt

11
Erzieherin
31 J., unabhängig, verantwortungsbewusst, mit jugendl. Ausstrahlung u. guter Allgemeinbildung (Abitur u. einige Semester Kunststudium), FS und NR, sucht nach langjähr. Berufserf. in der Arbeit mit Kindern Anstellung in priv. Haushalt (auch Ausland). Zuschr. unter ⌧ ZS3973514

12
Heizungsobermonteur,
30 J. Berufserfahrg., Einsatzbereich: Großbaustellen, Altbau- u. Kesselhaussanierg. i. ungek. Stellg., sucht neuen Wirkungskrs. Zuschriften unter ⌧ ZS 95206.

13
Mediziner
(Dr. med.) bietet freiberufliche Beratertätigkeit! Zuschriften unter ⌧ ZS39698.

14
Münchner Dipl.Ing., perm. in Südfrankreich leb., gesich. Posit., natürl. u. jung gebliebt., 46 J./1,79, gut auss., sportl., Reisen, Kultur schuldi. geschied., sucht unabhäng., treue, zärtl. u. hübsche Lebensgef. bis 40, deutschspr., NR u. sportl. orient. aus Raum Mü.-Augsbg. Zuschr. u. ⌧ ZS 955237

15
Industriegebiet Starnberg
2200 m² BÜROGEBÄUDE, auch in Teilflächen, a 700 m², zu verk., bauliche Sonderwünsche werden berücksichtigt.

16
Bilanzbuchhalterin (IHK)
37, EDV/DATEV, ungek., sucht neue verantwortungsvolle Tätigkeit (30-35 Std.Wo) Raum Mchn.-Mitte, Öst. Angebote unter ⌧ ZS 95733

17
Dipl.-Ingenieurin, (TH), Maschinenbau/Technologie, 35 J., 2 Kinder, mit langjähr. Tätigkeit in der Systembetreuung von DOS-Rechnern, Konfiguration, (DOS-Grundlagen, Software-Training, Nutzerservice, WORD, EXCEL) su. anspruchsv. Tätigkeit im Münchner Norden (Moosach), nicht Bedingung. Interesse an umfangreicher Weiterbildung PC-Software, Programmierung oder anderen Entwicklungsmöglichkeiten. Zuschriften unter ⌧ ZS39504

18
Erf. Sekretärin 35, fließend Engl., Organisationstalent, langj. Erf. in Textverarb., selbst. Arbeiten gewohnt sucht neue verantwortungsvolle Position zum 1.1.92. Zuschr. u. ⌧ ZS 963072.

19
Arztsekretärin, 29, perfekt in Abrechnung u. allen anderen Sekretariatsaufgaben su. wegen Ortswechsel interess. u. lukrative Tätigkeit bei Versicherung, Praxis oder Klinik in Mü.

6 Rechtschreibung S. 102

Ergänzen Sie bitte »er« oder »ehr« oder »är« oder »ähr«!

W__er__ hat gest__er__n angerufen?

a) Seine Sekret_____in arbeitet schon seit 20 Jahren für ihn.

b) Unser Zweigw_____k in Mainz erzielt zu niedrige Umsätze.

c) Herr Klein ist V_____treter.

d) Er f_____t s_____ g_____n nach Fürth.

e) Haben Sie es ihm erkl_____t?

f) Wann können Sie die Maschine lief_____n?

g) Die F_____tigung dauert vier Monate.

h) Fragen Sie doch die W_____beabteilung!

i) Wie viel Geld verbrauchen die Deutschen j_____lich für Essen und Trinken?

k) Die Deutsche Bundesbank sichert die W_____ungsstabilität.

l) Wir brauchen dringend Verst_____kung in der Montage.

7 Nebensätze mit »dass« oder »weil« bis S. 103

1. *Markieren Sie bitte alle Nebensätze in den beiden Lehrbuchtexten auf S. 99 und 100! Schreiben Sie die Nebensätze bitte in die Tabelle unten!*

Nebensätze

..., weil	er	dort eine interessante Aufgabe	übernehmen kann.

2. *Vergleichen Sie bitte die Wortstellung in den Nebensätzen mit der normalen Wortstellung in den Hauptsätzen unten in der Tabelle! Was ist anders?*

Hauptsätze

Und	außerdem	arbeitet	er täglich 12 Stunden ohne Murren.	
	Sie	brauchen	drei neue Facharbeiter für die Montage.	
	Ich	rufe	Frau Maiwald	an.
..., denn	der eine	ist	ja nur Ersatz für Herrn Baumann.	
	Beide Stellen	müssen	wir überregional	ausschreiben.

8 | **denn, weil, deshalb**   S. 103

Transformieren Sie die Sätze bitte!

Herr Baumann arbeitet jetzt in München, denn seine Lebensgefährtin wohnt dort. _____

Herr Baumann arbeitet jetzt in München, weil seine Lebens-
gefährtin dort wohnt. / Die Lebensgefährtin von Herrn B.
wohnt in München. Deshalb arbeitet er jetzt dort.

a) Herr Spät bedauert die Kündigung von Herrn Baumann, denn er ist ein tüchtiger Ingenieur. _____

b) Frau Maiwald gibt eine Stellenanzeige auf, denn die Firma Lang braucht Ersatz für Herrn Baumann. _____

c) Herr Lang hat nur 15 Minuten Zeit, denn um 8.45 Uhr ruft Herr Barnes aus London an. _____

d) Herr Müller ist heute spät nach Hause gekommen, denn er hat Überstunden gemacht. _____

9 | ◇–◇–◇ **Stellung von Haupt- und Nebensatz**   S. 103

Ändern Sie bitte die Stellung von Haupt- und Nebensatz!

Herr Baumann hat die Firma Lang verlassen, weil er in München arbeiten will. *Weil Herr Baumann*
in München arbeiten will, hat er die Firma Lang verlassen.

a) Frau Maiwald kommt heute etwas später, weil sie noch die Stellenanzeige entwerfen muss. _____

b) Herr Lang bedauert, dass Herr Baumann die Firma verlässt. _____

c) Herr Lang ruft Frau Maiwald an, weil er etwas mit ihr besprechen muss. _____

d) Die Firma Lang stellt neue Facharbeiter ein, weil sie so viele Aufträge hat. _____

---

10 **Ergänzungssätze** `S. 103`

> Er denkt, Sie brauchen nur einen Ingenieur.
>
> Er denkt, dass Sie nur einen Ingenieur brauchen.
>
> **ebenso:** glauben, vorschlagen, wissen,
>
> hoffen, sagen, schreiben, finden

1. *Transformieren Sie jetzt bitte die folgenden Sätze!*

Er denkt, dass Sie noch Urlaub haben.

Er denkt, Sie haben noch Urlaub.

a) Er glaubt, dass die Umsatzzahlen noch mehr steigen können.

_____

b) Ich schlage vor, dass wir erst einmal nur zwei Facharbeiter einstellen.

_____

c) Sie wissen, dass wir zwei neue Mitarbeiter in der Montage brauchen.

_____

d) Wir hoffen, dass wir nächstes Jahr höhere Umsatzzahlen erzielen.

_____

e) Frau Maiwald sagt, dass sie die Stellenanzeige schon aufgegeben hat.

_____

f) Die Firma Lang schreibt, dass sie die Prägemaschine in vier Wochen liefern kann.

_____

g) Ich finde, dass Herr Lang ein idealer Chef ist.

_____

2. *Welchen Wörtern kann ein Nebensatz mit »dass« folgen? Suchen Sie Beispiele auf den Seiten 99–103 im Lehrbuch!*

es ist schade, dass.

---

11 **Nebensätze** `S. 103`

Transformieren Sie die Sätze bitte!

Herr Lang ist mit der Einstellung von zwei neuen Ingenieuren einverstanden. – *Herr Lang ist einverstanden, dass zwei neue Ingenieure eingestellt werden.*

a) Herr Spät schlägt die Einstellung von zwei neuen Ingenieuren vor. – _____

_____

b) Herr Lang bedauert die Kündigung von Herrn Baumann. – _____

_____

c) Die Monteure fordern eine Verkürzung der Arbeitszeit. – _____

_____

d) Frau Maiwald hat erst heute von seinem Anruf erfahren. – _____

_____

12 Satzzeichen   S. 104

1. Wie heißen diese Satzzeichen?

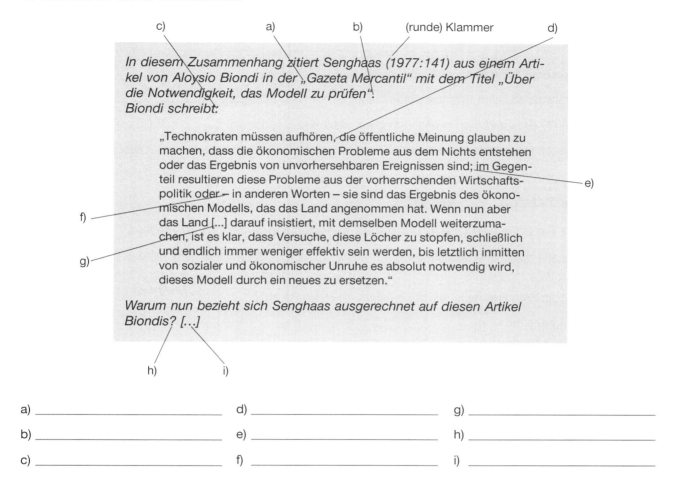

c)   a)   b)   (runde) Klammer   d)

In diesem Zusammenhang zitiert Senghaas (1977:141) aus einem Arti-
kel von Aloysio Biondi in der „Gazeta Mercantil" mit dem Titel „Über
die Notwendigkeit, das Modell zu prüfen".
Biondi schreibt:

„Technokraten müssen aufhören, die öffentliche Meinung glauben zu
machen, dass die ökonomischen Probleme aus dem Nichts entstehen
oder das Ergebnis von unvorhersehbaren Ereignissen sind; im Gegenteil resultieren diese Probleme aus der vorherrschenden Wirtschaftspolitik oder – in anderen Worten – sie sind das Ergebnis des ökonomischen Modells, das das Land angenommen hat. Wenn nun aber
das Land [...] darauf insistiert, mit demselben Modell weiterzuma-
chen, ist es klar, dass Versuche, diese Löcher zu stopfen, schließlich
und endlich immer weniger effektiv sein werden, bis letztlich inmitten
von sozialer und ökonomischer Unruhe es absolut notwendig wird,
dieses Modell durch ein neues zu ersetzen."

Warum nun bezieht sich Senghaas ausgerechnet auf diesen Artikel
Biondis? [...]

e)

f)

g)

h)   i)

a) _____   d) _____   g) _____

b) _____   e) _____   h) _____

c) _____   f) _____   i) _____

2. Ihr Nachbar/Ihre Nachbarin diktiert Ihnen den folgenden Brief mit Satzzeichen (siehe Text im Lösungsschlüssel). Ergänzen Sie bitte die fehlenden Satzzeichen!

German Irish Chamber of   Dublin 19 10 91
Industry and Commerce
46 Fitzwilliam Square
Dublin 2

Firmennachweis

Sehr geehrte Damen und Herren,

wir sind ein kleines irisches Unternehmen das Textilien Damenoberbekleidung produziert. Wir haben
Interesse daran Geschäftsverbindungen zu deutschen Firmen aufzubauen Können Sie uns Firmen nen-
nen die in der Textilbranche möglichst im süddeutschen Raum tätig sind Wir würden uns freuen wenn
Sie uns bald antworten könnten Für Ihre Hilfe danken wir Ihnen im Voraus

Mit freundlichen Grüßen

---

13 **Perfekt der Modalverben** `S. 104`

Bilden Sie bitte das Perfekt!

Ich kann den Katalog nicht finden. – *Ich habe den Katalog nicht finden können.*

a) Er will Ihnen helfen. – _____

b) Herr Baumann kann das. – _____

c) Frau Maiwald soll eine Stellenanzeige aufgeben. – _____

d) Rauchen? – Das darf man in unserem Büro nicht. – _____

e) Wir müssen Herrn Haber kündigen. – _____

14 **Am Telefon** `S. 104/105`

Ergänzen Sie bitte den Dialog mit den passenden Modalverben im Perfekt!

Herr Müller will Herrn Baumann sprechen, aber er kann ihn nicht erreichen. Nun wird er mit Frau Hellmann verbunden.

▲ Guten Tag, Frau Hellmann. Ich habe eigentlich Herrn Baumann ___*sprechen wollen*___,

aber ich habe ihn nicht _____ _____ .

■ Herr Baumann arbeitet leider nicht mehr bei uns.

▲ Warum? _____ er kündigen _____? Er ist doch ein guter Ingenieur.

■ Wir finden es auch schade, dass Herr Baumann gekündigt hat. Aber seine Lebensgefährtin wohnt in München. So hat er am Wochenende immer nach München _____ _____ . Und weil er sie nur so selten _____ sehen _____, hat er eine Arbeit in München gesucht. Jetzt arbeitet er in der Automobilbranche, und das _____ er schon immer _____ .

▲ Ach so. Da hat er ja Glück gehabt. Und wer ersetzt ihn jetzt?

■ Wir _____ so schnell noch keinen Ersatz finden _____ . Aber ich kann Sie mit Herrn Spät verbinden. Er kann Ihnen bestimmt weiterhelfen.

…

15 **Reflexive Verben, Verben mit Präposition** `S. 104`

Bilden Sie bitte Sätze!

Ich	sich	kümmern	in	diese Stelle
Wir	mich	interessieren	mit	die Blume
Er	uns	begeben	über	der Anzeigentext
Sie		befassen	um	ihr Kollege
Frau Kunz		eignen	für	das Besprechungszimmer
		unterhalten		eine andere Stelle
		freuen		dieses Problem

Ich interessiere mich für diese Stelle.

16 **Facharbeiter gesucht** `S. 104`

Ergänzen Sie bitte!

Herr Spät unterhält *sich mit* Frau Maiwald _____ d_____ Stellenausschreibung

in den Nürnberger Nachrichten. Frau Maiwald hat _____ _____ d_____ Anzeigentext ge-

kümmert und ihn dann _____ Herr____ Spät besprochen. Er hat _____ _____ einige Verbesserungen

eingesetzt. Schließlich haben _____ beide geeinigt. Es sind nun bereits einige Bewerbungen angekom-

5   men.

Herr Spät: Haben _____ viele Facharbeiter _____ d_____ Stellen beworben?

Frau Maiwald: Ja, etwa 20. Aber die meisten Bewerber eignen _____ nicht oder nicht gut _____

d_____ Stellen.

Herr Spät: Wir müssen _____ noch etwas gedulden. Die Anzeige ist ja erst vorgestern erschienen.

10   Frau Maiwald: Das stimmt. Aber es zeichnet _____ schon jetzt ab, dass _____ weniger Bewer-

ber _____ d_____ Stellen interessieren, als wir gehofft haben.

Herr Spät: Es gibt allgemein zu wenige Facharbeiter. Die gute Auftragslage wirkt _____ ungünstig

_____ d_____ Stellenmarkt aus. Aber wir befinden _____ noch in einer

relativ günstigen Lage, weil die Firma Lang hohe Gehälter zahlt und weil Fürth eine familien-

15   freundliche Stadt ist. Deshalb wollen _____ Eltern mit Kindern gerne hier niederlassen.

Frau Maiwald: Ich glaube, da irren Sie _____. So hoch sind die Gehälter hier auch nicht. Und die Leute

begnügen _____ heute nicht mehr _____ Schulen, Parkplätzen und Kinos.

Herr Spät: Was fehlt denn? Sie haben _____ ja wohl _____ d_____ Frage befasst.

Frau Maiwald: Billige Wohnungen. Die Mieten in Fürth sind ja doch sehr hoch. Und auch teurere Wohnungen

20   findet man nicht so leicht. Deshalb entscheiden _____ viele _____ einen neuen

Wohnort.

Herr Spät: Das kann stimmen. Aber da können wir nichts machen. Wie sollen wir _____ denn jetzt

verhalten?

Frau Maiwald: Ich glaube, wir müssen _____ _____ weniger guten Facharbeitern begnügen.

25   Herr Spät: Vielleicht. Aber vielleicht haben wir ja Glück und es melden _____ noch bessere Leute.

17 **Wo? Wohin?** `S. 105`

Ergänzen Sie bitte die richtigen Fragepronomen und die Präpositionen!

__*Wo*__ arbeitet Herr Spät? – __*In*__ Fürth.

a) _____ fährt Frau Maiwald morgen? – _____ Italien.

b) _____ macht Frau Maiwald Urlaub? – _____ Italien.

c) _____ befindet sich das Zweigwerk von Lang? – _____ Sulzbach bei Fürth.

d) _____ fliegt Herr Klein heute? – _____ Wien.

e) Leben Sie _____ Türkei oder _____ USA?

f) _____ reist Herr Spät dieses Jahr? – _____ Türkei.

18 **Betriebliche Funktionsbereiche** S. 108

Welche Funktionen passen nicht? Korrigieren Sie bitte!

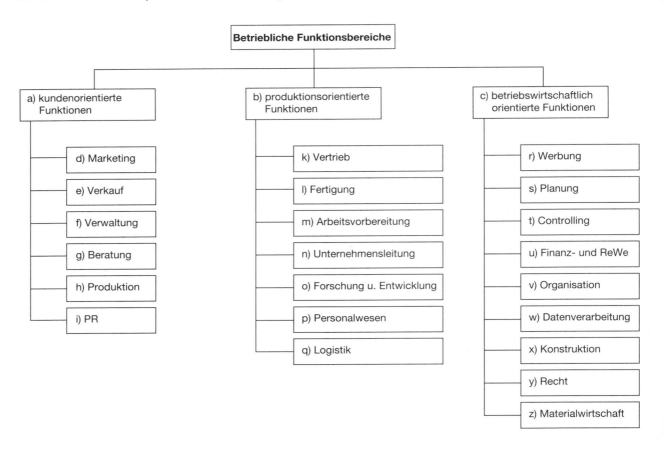

19 **Auf die Persönlichkeit kommt es an** S. 108

1. Sie sind Chef/in eines mittelständischen Unternehmens. Sie suchen eine/n leitende/n Angestellte/n. Welche Auswahlkriterien aus der Tabelle sind für Sie wichtig? Machen Sie bitte Ihre Kurve und vergleichen Sie sie mit der Kurve im Lehrbuch! Was ist anders?

 2. Sie sind Geschäftsführer/in einer kleinen Firma mit zehn Angestellten und suchen eine neue Sekretärin. Sind jetzt für Sie andere Auswahlkriterien als in 1. wichtig? Welche?

Auf die Persönlichkeit kommt es an
Worauf Personalchefs bei der Bewerberauswahl achten

	1,0 1,5 2,0 2,5 3,0 3,5 4,0 4,5 5,0
Teamgeist	
Persönlichkeit	
Allgemeinbildung	
Studienschwerpunkt	
Fremdsprachen	
DV-Kenntnisse	
Praktika	
Lehre	
Examensnote	
Zusatzabschluss	
Auslandsaufenthalt	
außeruniversitäres Engagement	
Alter	
Studiendauer	
Studienort	
Wehrdienst	
Promotion	
Geschlecht	

1 = unwichtig. 5 = wichtig · (Mittelwerte) Quelle: pro praxis · © Handelsblatt-Grafik

1 **Der Preisnachlass**   S. 109/110

1. *Markieren Sie bitte alle Verben mit Präposition im Lehrbuchtext S.109! Haben die Ergänzungen zu den Präpositionen hier den Dativ oder den Akkusativ? Kennen Sie andere Verben mit Präposition?*

2. *Nach der Besprechung mit Herrn Spät am 2.12. schickt Herr Klein Herrn Gerlach von der Firma Sturm in Wien ein Telefax und informiert ihn. Ergänzen Sie bitte das Telefax von Herrn Klein!*

Konrad Lang KG

Postfach
90763 FÜRTH

Telebrief / Fax-Message

┌ An/to:

Firma Sturm
Herrn Gerlach

A-1010 Wien

└

Seite/page 1

Anzahl der Seiten incl. Seite 1: _____
(number of pages page 1 incl.)

Fax-Nr. des Empfängers:

0043/222/512 1338

Datum/date: 2.12.97

von / from: Klein, Außendienst

———————————— **Nachricht / message** ————————————

Sehr geehrter Herr Gerlach,

nach einem Gespräch mit Herrn Lang kann ich Ihnen nun die neu
vereinbarten Vertragsbedingungen den Verkauf der M-CC-1
betreffend bestätigen: _____

_____

_____

Mit freundlichen Grüßen

2 **Rechtschreibung: »v« oder »w«?**   S. 111

Ergänzen Sie bitte die fehlenden Buchstaben und markieren Sie die Wortgrenzen! Welche Wörter werden großgeschrieben?

Unserz *W* eigwerkinsch *W* edenhatauchindiesemjahreinenhohenumsatzerzielt.

Unser Zweigwerk in Schweden hat auch in diesem Jahr einen hohen Umsatz erzielt.

a) Kundenforderungenwerdenzudenakti_____aundbankdarlehenzudenpassi__agezählt.

b) Könnensiemirbittediedurch_____ahlvonfrauhoffmanngeben?

c) Diesekretärinvonherrnspätser_____iertgeradekaffee.

d) Diesekur_____ebeziehtsichaufdieumsatzzahlenindenletztenzehnjahren.

e) Imno_____emberhabenwirmehralsz_____anzigüberstundenmachenmüssen.

f) Diefirmalangübernimmtdiekostenfürdiemonteurstundenalszusätzlichenkundenser_____ice.

3 **Textkonnektoren** S. 112

Ergänzen Sie bitte den folgenden Text! Wählen Sie eine von den drei angegebenen Möglichkeiten!

Die Firma Lang soll einer Wiener Firma, der Firma Sturm, eine neue Prägemaschine liefern. *Aber* (des-

halb, aber, wenn) es gibt Probleme bei den Vertragsverhandlungen: Der Preis ist im Vergleich zu anderen Fir-

men zu hoch. _____ (sodass, aber, außerdem) ist die Lieferzeit zu lang. _____ (des-

halb, denn, außerdem) will der Geschäftsführer, Herr Sturm, auch mit der Konkurrenz von Lang verhandeln. Er

5   möchte _____ (außerdem, dann, aber) lieber bei Lang kaufen, _____ (weil, denn,

deshalb) die Fürther Maschine einen technischen Vorsprung vor den Konkurrenzprodukten hat.

Herr Klein weiß, _____ (wenn, dass, weil) Herr Sturm zwar sehr interessiert ist, _____

_____ (außerdem, deshalb, aber) dem Auftrag nur zustimmen kann, _____ (sodass, wenn, weil)

die Maschine schneller und billiger geliefert wird. Bei Lang wird _____ (aber, deshalb, dann)

10 knapp kalkuliert, _____ (sodass, weil, wenn) der Verhandlungsspielraum nicht sehr groß ist.

_____ (dann, aber, deshalb) _____ (wenn, dass, weil) die Firma den Auftrag herein-

holen will, _____ (außerdem, deshalb, dann) muss sie dem Kunden entgegenkommen. Herr Spät

schlägt einen Preisnachlass von 3% vor und Herr Klein ist einverstanden. Er meint: _____ (wann,

wenn, sodass) die Firma Lang _____ (aber, deshalb, außerdem) die Kosten für den Monteur

15 übernimmt, ist das Angebot so gut, _____ (weil, dass, wenn) Lang den Auftrag bekommt.

4 ⬡–⬡–⬡ **Stellung von Haupt- und Nebensatz** S. 112

Transformieren Sie bitte die Sätze!

Wenn die Firma Lang nicht bald ein besseres Angebot macht, dann kauft die Firma Sturm bei einer Konkur-

renzfirma. *Die Firma Sturm kauft bei einer Konkurrenzfirma, wenn die Firma Lang nicht bald ein besseres Angebot macht.*

a) Wenn Herr Baumann kündigt, dann muss die Firma Lang einen neuen Ingenieur einstellen. _____

_____

b) Wenn die Preise steigen, sinkt die Nachfrage. _____

_____

c) Wenn die Firma keine neuen Mitarbeiter einstellt, dann kann sie nicht pünktlich liefern. _____

_____

5 **»un-« als Vorsilbe** S. 112

Wie heißt das Gegenteil von ....?

interessant – *uninteressant*   e) ideenarm – _____

groß – *klein*   f) falsch – _____

a) freundlich – _____   g) klar – _____

b) alt – _____   h) genau – _____

c) viel – _____   i) hoch – _____

d) pünktlich – _____   k) möglich – _____

6 Das Konkurrenzangebot   bis S. 114

1. Ergänzen Sie bitte den folgenden Text!

Die Firma Sturm aus Wien braucht eine neue Prägemaschine. Weil die Firma Lang noch kein neues

Angebot gemacht hat, _____ Herr Sturm nun auch mit der

_____ von Lang. Das interessanteste Angebot kommt von der Firma Krönmeyer. Sie will den

_____ unbedingt _____ und fordert daher einen ____ _____ zu den Kon-

kurrenzprodukten sehr niedrigen Preis. Allerdings hat sie so knapp _____, dass für einen weiteren

_____ kein _____ mehr ist. Auch in den Lieferungsbedingungen hat Krönmeyer

dem Kunden aus Wien _____ können. Die Lieferzeit _____ hier nur drei Wochen.

Der _____ ist ebenfalls gut: Die Firma _____ die Kosten für den Monteur, die

_____ für die Reise und den Aufenthalt _____ der Kunde nur zu 50%. Die Ma-

schine von Lang hat allerdings einen _____ _____ vor den Konkurrenzprodukten. Deshalb

will Herr Sturm auch _____ bei der Firma Lang kaufen. Aber er braucht die Maschine dringend.

---

betragen   Kundenservice   tragen   kalkulieren

    im Vergleich   Kosten

                   übernehmen   lieber   ~~Angebot~~   Konkurrenz   entgegenkommen

       verhandeln   technischer Vorsprung

Preisnachlass   ~~machen~~   Auftrag   hereinholen

         Spielraum

---

2. Herr Krönmeyer bespricht mit einem Mitarbeiter das Angebot für die Firma Sturm. Spielen Sie bitte den Dialog!

3. Schreiben Sie jetzt bitte den Dialog zwischen Herrn Krönmeyer und seinem Mitarbeiter!

7 Verschiedene Möglichkeiten   S. 114

Wie kann man das anders sagen?

Ist die Antwort aus Fürth noch nicht da? – *Ist die Antwort aus Fürth nach nicht angekommen?*

a) Wenn Herr Sturm nicht bald ein plausibles Angebot bekommt, bestellt er bei Krönmeyer. _____

_____

b) Die Maschine ist um 10% billiger und schneller lieferbar. _____

_____

c) Das meine ich auch. _____

_____

d) Das ist bei Lang nicht drin. _____

_____

e) Wir stellen also die Forderung, dass die Firma Lang die Kosten für den Monteur übernimmt. _____

_____

8 **Präpositionaladverbien:**
Fragen nach Personen/Institutionen/Gruppen oder Sachen `S. 114/115`

Stellen Sie bitte die richtigen Fragen!

Mit wem haben Sie gesprochen? ? – Mit Herrn Klein.

a) _____ ? – Auf eine Antwort aus Fürth.

b) _____ ? – Mit der Firma Sturm.

c) _____ ? – Um eine Facharbeiterstelle.

d) _____ ? – Um den Anzeigentext.

e) _____ ? – Über das Geschenk von Herrn Lang.

f) _____ ? – Über den neuen Mitarbeiter.

g) _____ ? – Für die Firma Krönmeyer.

h) _____ ? – Von Herrn Lang.

> sich kümmern müssen   sich unterhalten   sich bewerben
>
> warten   sich verabschieden   verhandeln   spr~~e~~chen   sich einsetzen   sich freuen

9 **Präpositionaladverbien:**
Bezug auf Personen/Institutionen/Gruppen oder Sachen `S. 114/115`

Ergänzen Sie bitte!

Herr Spät will, dass der Kunde die Reise- und Aufenthaltskosten trägt. Herr Klein *damit* einverstanden.

a) Herr Lang hat Herrn Merker 25 CDs geschenkt. _____ hat Herr Merker sich sehr gefreut.

b) Kennen Sie Herrn Sturm? - Ja. Ich habe gestern noch _____ telefoniert.

c) Der Anzeigentext für die Nürnberger Nachrichten muss noch geschrieben werden. Können Sie sich
_____ kümmern, Frau Maiwald?

d) Herr Spät meint, dass die Firma neue Mitarbeiter einstellen muss, und auch Frau Maiwald setzt sich
_____ ein.

e) Herr Maurer hat sich um die Stelle als Facharbeiter in der Montage beworben. Aber Frau Maiwald meint,
dass er sich _____ nicht eignet.

f) Die Facharbeiter in der Montage wollen mehr Geld für Überstunden. Haben Sie sich schon mit Herrn Lang
_____ unterhalten?

g) Frau Winter fährt morgen in die Türkei. Haben Sie sich schon _____ verabschiedet?

h) Wer ist Herr Klein? – Ein Vertreter von Lang. Wir haben gerade eine neue Prägemaschine _____
_____ bestellt.

10 **Die Präposition »per«**   S. 115

Ergänzen Sie bitte!

Barzahlung ist nicht notwendig. Sie können auch __*per*____*Scheck*__ zahlen.

a) Dieses Schreiben muss schon morgen in München sein. Schicken Sie es bitte _____!

b) Diese Unterlagen sind sehr wichtig. Sie müssen unbedingt ankommen. Schicken Sie sie bitte _____!

c) Schicken Sie uns Ihre Antwort _____. Unsere Nummer lautet 0641/467233.

d) Maschinenteile liefern wir _____ oder _____. Eine Inlandslieferung auf dem Luft- oder Seeweg ist nicht möglich.

11 **Zahlung und Zahlungsbedingungen**   S. 116

1. *Ergänzen Sie bitte!*

Sie wollen eine Arztrechnung begleichen. Sie zahlen nicht __*bar*__, sondern gehen zur Bank und überweisen das Geld.

a) Ihre Vermieterin möchte die Miete für die nächsten drei Monate schon jetzt haben. Sie möchte eine _____.

b) Sie brauchen dringend eine neue Maschine, haben aber erst in zwei Monaten das Geld dafür. Deshalb vereinbaren Sie einen _____.

c) Sie haben telefonisch eine Ware bestellt. Sie wird Ihnen nach vier Wochen per Post geschickt. Sie zahlen _____.

2. *Was ist richtig?*

Die Firma Sturm kauft die M-CC-1. Bei der Firma Lang gilt Drittelzahlung. Was heißt das?

○ der Kunde muss nur ein Drittel der Summe zahlen.

○ der Kunde bezahlt ein Drittel, wenn er den Auftrag erteilt hat.

○ der Kunde übernimmt ein Drittel der Kosten für Aufstellung und Inbetriebnahme.

○ ein Drittel der Summe ist bei Fertigstellung der Maschine fällig.

○ der Kunde bezahlt ein Drittel bar, ein Drittel per Scheck und ein Drittel mit Kreditkarte.

○ der Kunde zahlt ein Drittel der Summe ein Jahr nach Inbetriebnahme der Maschine.

○ der Kunde zahlt ein Drittel bei Inbetriebnahme der Maschine.

12 **Wer bietet Ihnen einen besseren Service?** bis S. 116

Beantworten Sie bitte die folgenden Fragen! Lesen Sie zuerst die Fragen und suchen Sie dann die Informationen unten im Text!

a) Hier wirbt eine Firma für sich. Wie heißt sie? _____

b) Ist eine telefonische Bestellung möglich? Wenn ja, wie lautet die Telefonnummer? _____

c) Sie brauchen die heute bestellte Ware schon morgen. Ist eine so schnelle Lieferung möglich? _____

_____

d) Sie sind mit der gelieferten Ware nicht zufrieden. Können Sie sie auch nach zwei Wochen noch zurückge-

ben? _____

e) Wann muss die Rechnung spätestens bezahlt werden? _____

f) Wie kann gezahlt werden? _____

g) Sie sind mit der gelieferten Ware zunächst zufrieden. Aber nach etwa einem Jahr gibt es ein Problem. Kön-

nen Sie die Ware jetzt noch zurückgeben? Wie lange haben Sie eine Garantie auf die gelieferte Ware?

_____

h) Sie haben den Firmenkatalog und wollen etwas bestellen. Vorher wollen Sie die gewünschte Ware aber

sehen. Von wann bis wann ist das möglich? _____

i) Welche Waren liefert die Firma? _____

k) Sie sollen bei der Firma etwas für Ihr Büro bestellen. Vorher möchten Sie aber ein schriftliches Angebot

haben. Auf welchem Weg erhalten Sie das Angebot am schnellsten? _____

Wer bietet Ihnen einen besseren Service?
Bitte vergleichen Sie uns mit anderen Lieferanten.

Einfaches Bestellen und Bezahlen
Das Bestellen haben wir so einfach wie möglich gemacht:
– Telefonisch von 8.00–18.00 Uhr: 06 10 / 8 90 73.
– Per Telefax: 06 10 / 8 90 73.
– Sie können Ihre eigenen oder unser Formular verwenden.
– Sie können uns besuchen.

Auch das Bezahlen haben wir so einfach wie möglich gemacht:
– per Scheck
– per Kreditkarte
– 30 Tage nach Rechnung.

Persönliche Beratung
Wenn Sie Fragen zu unseren Produkten haben, rufen Sie uns an oder kommen Sie vorbei. Wir stehen Ihnen werktags von 8.00–18.00 Uhr gern zur Verfügung.

Freundliche Beratung und zuverlässige, kompetente Auskünfte sind garantiert.

Benötigen Sie ein schriftliches Angebot? In 60 Minuten haben Sie es auf dem Tisch – per Telefax.

Schnelle Lieferung
Was Sie heute bis 17.00 Uhr bestellen, wird morgen geliefert. Die Gründe:
– Wir haben in der Regel alle Artikel in unserem großen Lager.
– Modernste EDV, unser eigener Lieferservice und Paketdienste garantieren schnellste Bearbeitung und Lieferung.
– Wir verschicken ausschließlich selbst und lassen die Ware nicht durch unsere Lieferanten versenden.

Günstige Preise
Wir tun alles, damit Sie so günstig wie möglich einkaufen können:
– Durch unser hohes Einkaufsvolumen kaufen wir günstig.
– Moderne EDV hält unsere Personalkosten gering.

– Durch das überschaubare Sortiment und schnellen Umschlag halten wir die Lagerhaltungskosten gering.
– So garantieren wir Ihnen günstige Preise und attraktive Mengenstaffeln.

Büro-Leasing
Bei DETOP können Sie jetzt Ihre neue Büroeinrichtung leasen. Sie zahlen lediglich eine monatliche Leasingrate. Dadurch vermeiden Sie unnötige Kapitalbindung und nehmen die gesetzlich geregelten Steuervorteile für Leasing voll in Anspruch. Über individuell angepasste Laufzeiten und die damit verbundenen Leasingraten informieren wir Sie gern telefonisch oder schriftlich.

Problemlose Rückgabe
Sie haben 30 Tage Rückgaberecht auf alle Produkte.

Sie schicken uns die Ware nach telefonischer Rücksprache unfrei zurück. Wir bearbeiten diesen Vorgang schnell und völlig unbürokratisch.

Anteilige Frachtkosten werden Ihnen mit der Ware gutgeschrieben.

Gerade in diesem Punkt lohnt es sich, DETOP mit anderen Anbietern zu vergleichen.

Gutes Design
Bei DETOP erhalten Sie hochwertiges Design. Produkte, die wir in unser Programm aufnehmen und Ihnen anbieten, müssen folgende Voraussetzungen erfüllen:
– Sie müssen ein Höchstmaß an Funktionalität bieten.
– Sie müssen auch bei starker Beanspruchung langlebig sein.
– Sie müssen aktuelle und bürogerechte Farben haben.
– Sie müssen modern und zeitlos schön zugleich sein.

Umfangreiche Qualitätsgarantie
Sie erhalten bis zu drei Jahre Garantie auf alle unsere Katalogprodukte.

Dabei geben wir Ihnen nicht einfach nur die Herstellergarantie weiter. Sie wenden sich im Schadensfall direkt an uns und erhalten sofort ein Ersatzprodukt – noch bevor die defekte Ware wieder bei uns eingetroffen ist.

Das geht schnell, völlig unbürokratisch, und Ihnen entstehen keinerlei Kosten.

Preiswerter Aufbauservice
Alle Möbel und Systemmöbel aus unserem Katalog können Sie auch ohne Erfahrung leicht und schnell selbst aufbauen.

Haben Sie dazu keine Zeit oder wollen Sie beim ersten Mal ganz sicher sein, nehmen wir Ihnen gerne den Aufbau ab – ganz gleich wo in Deutschland Ihr Büro ist.

Für diesen Service berechnen wir zusätzlich eine geringe Gebühr. Ein Angebot geben wir Ihnen gern am Telefon.

Umweltbewusst
Jedes moderne Unternehmen achtet heute auf die Umwelt. Deshalb bestehen wir bei der Auswahl unserer Lieferanten auf umweltfreundlichem Verpackungsmaterial. Wir verwenden:
– Recycling-Kartons,
– Schaumstoffe, die nicht FCKW-geschäumt sind.
– Da wir Batterien verkaufen, nehmen wir sie auch wieder zurück. Sie brauchen Sie nur einzupacken und abzuschicken. Das Porto übernehmen wir.

Großer Ausstellungsraum
Auch die besten Fotos können manchmal ein Produkt nicht in allen Facetten zeigen. Deshalb haben wir einen großen Ausstellungsraum.

Wenn Sie Produkte in natura sehen wollen, können sie uns zwischen 9.00 und 17.00 Uhr gern besuchen.

In unserem Ausstellungsraum finden Sie übrigens immer besonders günstige Angebote zum Mitnahmepreis.

13 Geld überweisen und einen Scheck ausstellen   S. 117

1. *Bitte schreiben Sie einen Überweisungsauftrag für Frau Pfiffig. Benutzen Sie das folgende Formular!*

Heute ist der 28.9.1997. Frau Petra Pfiffig geht zur Post. Sie hat eine Rechnung in Höhe von 680,00 DM von der Firma Hülsmann bekommen und will sie bezahlen. Die Firma Hülsmann hat ein Konto bei der Sparkasse Bonn, Bankleitzahl 380 500 00. Die Kontonummer lautet 113890370.

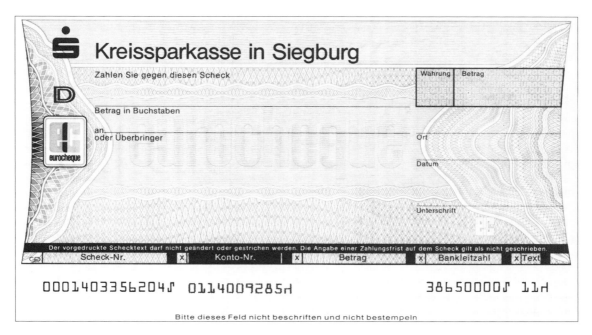

2. *Bitte schreiben Sie einen Scheck für Herrn Meier! Benutzen Sie das Scheckformular!*

Heute ist der 17.10.97. Herr Karl Meier hat mit einem guten Kunden im Restaurant „Zum Bären" in Bonn gegessen. Er will die Rechnung über 184,00 DM per Euroscheck zahlen.

14 **Genitiv** S. 118/119

1. *Erklären Sie bitte die Komposita durch Formen mit Genitiv!*

der Autoverkauf - *der Verkauf eines Autos*

die Zahlungsart - *die Art der Zahlung*

a) die Problemlösung – _____

b) die Kundenbestellung – _____

c) die Zahlungsbedingungen – _____

d) der Kundenbesuch – _____

e) die Teilzahlung – _____

f) der Auftragseingang – _____

g) die Auftragsbestätigung – _____

h) die Mitarbeiterbesprechung – _____

i) der Anzeigentext – _____

k) die Arbeitszeitverkürzung – _____

l) die Betriebsratswahl – _____

m) das Chefzimmer – _____

n) die Diskontsatzsenkung – _____

o) der Firmenchef – _____

p) die Maschinenproduktion – _____

q) der Werkzeugmaschinenbau – _____

2. *Wie kann man das anders formulieren?*

ein Drittel zahlen – *die Zahlung eines Drittels*

a) einen Facharbeiter einstellen – _____

b) eine Rechnung zahlen – _____

c) ein Problem lösen – _____

d) die Ware liefern – _____

e) eine Prägemaschine bestellen – _____

f) Werkzeugmaschinen exportieren – _____

g) Geld überweisen – _____

h) einen Zahlungstermin vereinbaren – _____

15 **Genitiv** S. 118/119

Transformieren Sie bitte die Sätze!

Ich freue mich, dass unser ältester Kunde anwesend ist. – *Ich freue mich über die Anwesenheit unseres ältesten Kunden.*

a) Ich freue mich, dass unsere neuen Produkte gut verkauft werden. – _____

b) Herr Lang bedauert, dass sein bester Mitarbeiter gekündigt hat. – _____

c) Frau Maiwald setzt sich dafür ein, dass neue Mitarbeiter eingestellt werden. – _____

d) Herr Spät hat erst heute (davon) erfahren, dass sein bester Facharbeiter einen Arbeitsunfall gehabt hat. – __

e) Die Gewerkschaften fordern, dass die wöchentliche Arbeitszeit verkürzt wird. – _____

f) Der neue Wirtschaftsminister hat vorgeschlagen, dass das jetzige Betriebsverfassungsgesetz verbessert wird. – _____

g) Herr Spät hofft, dass dieses technische Problem schnell gelöst wird. – _____

h) Herr Lang erwartet, dass die Kölner Firma verkauft wird. – _____

16 **Banknoten** S. 120

Transformieren Sie bitte die Sätze!

Wasserzeichen sind im Gegenlicht sichtbar. – *Wasserzeichen kann man im Gegenlicht sehen.*

a) Mikroschrift ist mit der Lupe lesbar. – _____

b) Der Sicherheitsfaden ist im Gegenlicht ohne Unterbrechung sichtbar. – _____

c) Die Buchstaben rechts auf dem Schein sind tastbar. – _____

1 **Im Restaurant: etwas bestellen** S. 121-124

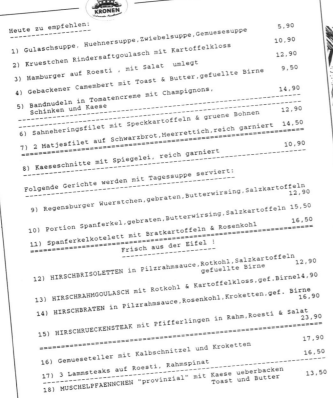

1. *Was fällt Ihnen an dieser Karte auf?*

Kellner	Gast
Darf ich Ihnen die Speisekarte bringen?	Ja, bitte.
Nehmen Sie einen Aperitif?	Ja, einen Campari, bitte.
Haben Sie schon gewählt?	Was können Sie uns (heute) empfehlen?
Was darf ich Ihnen bringen?	
Was möchten Sie trinken?	Ich hätte gerne ...
Und was trinken Sie dazu?	Ich nehme ...
Wünschen Sie sonst noch etwas?	Bringen Sie mir bitte ...!
	Einmal ... (und einmal ...), bitte!
	Ich trinke ...
	Ein Mineralwasser, bitte!
	Als Nachtisch hätte ich gern ...
Mit ... oder mit ...?	Ich möchte lieber ... als Beilage. Geht das?

Sie gehen mit einem Arbeitskollegen während der Mittagspause in der Gaststätte „Im Hähnchen" essen. Auf dem Tisch liegt bereits die Tageskarte. Der Kellner kommt und Sie bestellen.

 2. *Spielen Sie die Situation bitte im Kurs!*

 3. *Schreiben Sie jetzt bitte den Dialog!*

2   Das Modalverb »mögen«   S. 123/124

1. *Markieren Sie bitte die beiden Formen von »mögen« im Lehrbuchtext auf Seite 123/124 und vergleichen Sie die Bedeutung der beiden Sätze! Wie lauten die beiden Sätze in Ihrer Sprache? Können Sie nun den Unterschied zwischen »mag/mögen« und »möchte/möchten« erklären?*

2. *Ergänzen Sie bitte die richtige Form von »mögen«!*

Was trinken Sie morgens am liebsten? – Morgens _____*mag*_____ ich am liebsten Kaffee.

a) Was für Zigaretten hat er am liebsten? – Am liebsten _____ er Marlboro.

b) Wie trinken Sie den Kaffee? Stark? – Ja, am liebsten _____ ich ihn stark.

c) Essen Sie auch so gern Fisch? – Nein, Fisch _____ keiner von uns gern.

d) Finden Sie diesen Film mit Hanna Schygulla auch so gut? – Nein, wir _____ ihn alle nicht.

e) Welchen Kollegen finden Sie am sympathischsten? – Herrn Spät _____ ich besonders gern.

3. *Wie kann man das anders sagen? Benutzen Sie »mag/mögen« oder »möchte/möchten«!*

Kaffee trinke ich gerne stark. – *Kaffee mag ich gerne stark.*

Herr Spät will Sie bitte sprechen! – *Herr Spät möchte Sie bitte sprechen !*

a) Trinken Sie Tee oder Kaffee? – _____

b) Essen Sie gerne Kartoffeln? – _____

c) Ich nehme die Gulaschsuppe! – _____

d) Trinkt er Tee lieber mit oder ohne Zucker? – _____

e) Was für Musik hört sie am liebsten? – _____

f) Herr Ober, einen trockenen Weißwein bitte! – _____

g) Fisch essen wir alle nicht gerne. – _____

h) Nehmen Sie auch Reis als Beilage? – _____

i) Den neuen Abteilungsleiter finde ich unsympathisch. – _____

3   Verben mit fester Ergänzung   S. 125

1. *Ergänzen Sie bitte das passende Verb!*

einen Auftrag   *hereinholen*

a) Anstrengungen   _____

b) die Reisekosten   _____

c) einen Besuchstermin _____

d) Personal   _____

e) einen zweistelligen Zuwachs   _____

f) ein Angebot   _____

g) ein Telefongespräch _____

h) eine Anzeige   _____

erzielen/erreichen
vereinbaren
einstellen
führen
erhalten
unternehmen
übernehmen/tragen
herein~~X~~holen
aufgeben

4 **Begriffe erklären** `S. 125`

Erklären Sie bitte die folgenden Begriffe durch Beispiele!

Lieferzeit: *Sie bestellen eine Ware. Die Firma schickt sie Ihnen zwei Wochen nach Bestellung. Die Lieferzeit hat dann 2 Wochen betragen.*

a) Lieferprogramm   c) bei einem Angebot mithalten   e) Entlastung
b) einen Kunden verlieren   d) Hauptkonkurrent

5 **Terminvereinbarung** `S. 125`

Nach dem Gespräch mit Herrn van Beeken telefoniert Herr Lang mit Herrn Spät. Er berichtet ihm von dem Gesprächsverlauf und vereinbart mit ihm einen Termin für den nächsten Tag.

Schreiben Sie bitte das Telefongespräch zwischen Herrn Spät und Herrn Lang!

6 **Rechtschreibung** `S. 126`

Markieren Sie bitte die Wort- und Satzgrenzen und ergänzen Sie die Satzzeichen! Welche Wörter werden großgeschrieben?

Während|eines|abendessensmitherrnlangbedauertherrvanbeekendielangenlieferzeitenbeilangerglaubtdassdiefirmaeinenderhauptkundenausdenniederlandenverliertwennnichtbaldeinelösungdiesesproblemsgefundenwirdermeintdiefirmawirdkonkurrenzunfähigwennnichtbilligerproduziertundschnellergeliefertwirdherrlangdagegenglaubtdasslangauchdannmitderkonkurrenzmithaltenkannwenndielieferzeitennichtverkürztwerdenerdenktdassdiefirmenauchinzukunftbeilangkaufenweildiekonkurrenzproduktetechnischwenigerleistungsfähigsind.

7 **»ein-«, »kein-«, »welch-« + Genitiv** `S. 127`

1. Antworten Sie bitte!

Finden Sie das Angebot der Firma Lang auch so interessant? – Ja, *es ist eines der interessantesten Angebote.*

a) Ist die neue M-CC-1 eine gute Prägemaschine? – Ja, _____

b) Halten Sie Herrn Baumann für einen tüchtigen Ingenieur? – Ja, ich _____

c) Haben Sie einen guten französischen Wein im Haus? – Ja, _____

d) Ist die Firma Sturm ein guter Kunde von Lang? – Ja, sie ist _____

e) Ist dieses Diktiergerät gut? – Ja, _____

f) Hat Frankfurt ein gutes Theater? – Ja, es hat _____

2. *Fragen Sie bitte!*

Welchen der beiden Schreibtischstühle finden Sie besser? (Schreibtischstuhl)

a) _____? (Menü)

b) _____? (Bewerber)

c) _____? (Sekretärin)

d) _____? (Angebot)

e) _____? (Plan)

3. *Antworten Sie bitte!*

Kennen Sie die beiden Frauen dort? – Nein, ich *kenne keine der beiden (Frauen).*

a) Finden Sie die beiden Angebote gut? – Nein, _____

_____

b) Halten Sie die beiden Bewerberinnen für geeignet? – Nein, ich _____

_____

c) Möchten Sie das Problem lieber mit Herrn Spät oder mit Herrn Lang besprechen? – Ich _____

_____

d) Nehmen Sie Menü 1 oder Menü 2? – Ich _____

8 **»während«, »wegen« und »trotz« + Genitiv**   S. 127

1. *Ergänzen Sie bitte!*

a) *Trotz* _____ d_____ schlecht_____ Auftragslage_____ hat die Firma neue Mitarbeiter eingestellt.

b) _____ d____ lang_____ Lieferzeit_____ bei Lang verhandelt die Firma Sturm auch mit Konkurrenzfirmen.

c) Der Betriebsrat fordert _____ d____ hoh_____ Zahl_____ der Überstunden weitere Neueinstellungen.

d) _____ d_____ letzt_____ Jahr_____ hat die Firma die technische Leistungsfähigkeit ihrer Produkte

entscheidend verbessern können.

e) _____ d____ hoh_____ Lohnkosten ist die Firma auch international weiter konkurrenzfähig.

f) _____ d____ letzt_____ Mitarbeiterbesprechung_____ hat Herr Klein seinem Chef mitgeteilt, dass

Herr Sturm unzufrieden ist.

2. *Transformieren Sie bitte die folgenden Sätze!*

Die Firma stellt zusätzliches Personal ein, weil die Lieferzeiten zu lang sind. – *Wegen der (zu) langen Lieferzeiten stellt die Firma zusätzliches Personal ein.*

a) Weil die Preise zu hoch sind, verliert die Firma Kunden. – _____

_____

b) Weil in der Montageabteilung viele Überstunden gemacht werden, fordert der Betriebsrat Neueinstellungen.

_____

c) Herr Spät braucht dringend einen neuen Ingenieur, weil Herr Baumann gekündigt hat. – _____

_____

3. *Wie kann man das anders sagen?*

Herr Lang und Herr van Beeken essen im Hotel „Forsthaus" und besprechen Probleme des Vertriebs.

Während eines Essens im Hotel „Forsthaus" be-sprechen Herr Lang und Herr van Beeken Probleme des Vertriebs.

a) Heute findet eine Mitarbeiterbesprechung statt. Hier sollen Vorschläge zur Lösung aktueller Probleme entwickelt werden.– _____

b) Im letzten Quartal ist der Umsatz um 2% gestiegen. – _____

c) Herr Klein fliegt nach Wien. Im Flugzeug liest er Geschäftsberichte. – _____

| 9 | **Was passt?** | S. 127 |

Bitte kombinieren Sie!

A	Trotz der vielen Überstunden	bekommt die Firma den Auftrag nicht.	1
B	Wegen der allgemein schlechten Auftragslage	sind die Umsatzzahlen nur wenig gestiegen.	2
C	Trotz eines Preisnachlasses von 5%	hat die Firma auch dieses Jahr einen zweistelligen Umsatzzuwachs erzielt?	3
D	Während des letzten Quartals	kann die Firma nicht pünktlich liefern.	4
E	Wegen der hohen Qualität ihrer Produkte	diktiert Herr Lang einen Brief an Siemens.	5
F	Während der Zugfahrt	können viele Arbeiter keine Stelle finden.	6

A + 4	B +	C +	D +	E +	F +

| 10 | **Schwierigkeiten** | S. 128/129 |

 1. *Beantworten Sie bitte die folgenden Fragen zum Dialog im Lehrbuch S. 129!*

a) Welche Textstellen oder Wörter zeigen, dass Herr Maud mit den in Frankreich erzielten Ergebnissen zufrieden ist? Welche Textstellen oder Wörter zeigen, dass er nicht mit allen Ergebnissen zufrieden ist?

b) Herr Fenont hält die Unzufriedenheit Herrn Mauds für unbegründet und widerspricht ihm deshalb. Er meint nicht, dass falsche Entscheidungen der Firma der Grund für die niedrigen Gewinnzahlen sind. Wo steht das im Text? Wen oder was nennt Herr Fenont als Grund für die niedrigen Gewinnzahlen?

c) Herr Fenont widerspricht Herrn Maud hier nicht nur, sondern er stellt auch eine Forderung. Welche?

d) Welche Textstellen oder Wörter zeigen, dass Herr Maud nicht mit den Argumenten von Herrn Fenont einverstanden ist?

e) Herr Fenont argumentiert nun anders. Mit welchen Worten beginnt er?

f) Herr Maud stimmt Herrn Fenont nun zu. Welche Wörter zeigen das?

g) Herr Fenont stellt dann eine zweite Forderung. Welche?

h) Herr Maud stimmt dieser Forderung von Herrn Fenont nicht zu, aber er widerspricht ihm auch nicht. Welcher Satz zeigt das?

2. *Herr Fenont sagt zu Herrn Maud „Das ist richtig". Welche Funktion hat hier »das«? Wo wird »das« im Text in ähnlicher Funktion benutzt? Markieren Sie bitte die Textstellen!*

 3. *Spricht man in Ihrem Land während des Essens auch über Geschäfte? Wie finden Sie das?*

11 Menüvorschlag   bis S. 129

Am 10. Juni tagt der Vorstand der Firma AUTOPLUS. Der Sitz der Firma ist in 53225 Bonn, Johannesstr. 121–125. Die Vorstandsmitglieder reisen bereits am 9. Juni nachmittags an. Für den Abend ist ein gemeinsames Abendessen geplant. Die Sekretärin von Herrn Maud, Frau Littenberg, ruft am 31. Mai bei der Rotisserie „Von Eicken" an und bittet um einen Menüvorschlag. Noch am gleichen Tag erhält sie eine Antwort.

Machen Sie bitte einen Menüvorschlag und ergänzen Sie die fehlenden Stellen im Telefax! Benutzen Sie die Speisekarte im Lehrbuch auf S.122 und/oder im Arbeitsbuch auf S. 114!

Telefax

An   Von

                                        Rotisserie von Eicken
                                        Ahrstraße 45, 53175 Bonn

Fax-Nr.:   Datum:

Ihr Anruf vom:

Menüvorschlag für 12 Personen am 09. Juni 1997
im Speisesaal der Rotisserie für DM   pro Person:

Bedienung, Dekoration und Getränke sind im Preis enthalten.
Für den Sektempfang berechnen wir DM 7,00 pro Person.

Mit freundlichen Grüßen

Präteritum von »haben« und »sein«   S. 130

Transformieren Sie bitte die folgenden Textstellen ins Präteritum!

a) Herr Mitter ist Werkstattmeister. Im November 1997 hat er schon sehr viele Maschinen in Arbeit. Für eine weitere M-CC-1 hat er eigentlich keinen Platz mehr. *Herr Mitter war*

b) Ich habe heute einen vollen Terminkalender. Um halb neun habe ich ein Gespräch mit Herrn Spät, eine Viertelstunde später ein Telefonat mit John Barnes. Die Zeit ist knapp.

c) Überstunden sind keine Dauerlösung, denn wir haben immer wieder Engpässe in der Montage. Deshalb bin ich für Neueinstellungen.

d) Herr Baumann ist ein idealer Mitarbeiter. Er ist tüchtig und flexibel und hat viele Ideen. Außerdem hat er viele Jahre Auslandserfahrung und gute EDV-Kenntnisse.

e) Frau Maiwald, was ist der Grund für die Kündigung von Herrn Baumann? - Der Grund ist nicht das Gehalt und auch nicht das Betriebsklima. Ganz persönliche Gründe sind dafür verantwortlich.

f) Unsere Kunden sind unzufrieden, weil die Preise relativ hoch und die Lieferzeiten sehr lang sind. Deshalb haben wir nicht genug Aufträge. Seit Wochen sind wir nicht ausgelastet. Daher sind die Gewinne niedriger als erwartet.

13   **Im Restaurant: bezahlen**   S. 130

Gast	Kellner
Kann ich bitte zahlen? / Die Rechnung bitte! / Wir möchten bitte zahlen! / Herr Ober, bitte zahlen!	
	Einen Moment, ich komme sofort. Waren Sie zufrieden?
Ja, danke. Besonders … war sehr gut.	
	(Zahlen Sie) getrennt oder zusammen?
Zusammen, bitte! / Getrennt, bitte! Ich hatte …	
	Das macht 94,80 DM.
100 DM, bitte. Der Rest ist für Sie. / Kann ich mit Kreditkarte/Euroscheck bezahlen?	
	Vielen Dank.

1. *Sie wollen bezahlen. Spielen Sie die Situation bitte im Kurs! Benutzen Sie die Speisekarte auf S. 114 im Arbeitsbuch!*

2. *Schreiben Sie jetzt bitte einen Dialog mit dem Kellner!*

3. *In Deutschland ist es oft so, dass der Kellner an den Tisch kommt und dort die Rechnung schreibt und Sie sofort bei ihm bezahlen. Wie finden Sie das? Ist das in Ihrem Land auch so? Diskutieren Sie bitte im Kurs!*

120 einhundertzwanzig

Lektion 1

1 a) Guten Morgen! Guten Tag! Guten Abend! b) Wie geht's? Danke, gut.

2 Guten Morgen, Herr Lang! – Guten Morgen, Frau Haber! Wie geht's? – Danke, gut. – Ist Herr Klein schon aus Wien zurück? – Nein, er ist noch nicht zurück. Aber sein Telefax ist da. – Das ist gut. Ich bin schon ganz gespannt.

3 **1.** a) guten Tag, fünf, übrigens, warum, unklar b) Fürth, München, Brüssel, Freiburg, Düsseldorf, Zürich **2.** a) Herr Klein arbeitet bei Lang. Er ist beim Chef. Sein Telefax ist schon da. b) Weimar – Mainz – Mailand – Mannheim – Heidelberg c) Daimler – Bayer – Schneider – Klein

4 **1.** a) sie b) er c) ich d) ich **2.** Sie // Sie // ich // Er // es // wir

5 a) ist b) sind // bin c) sind d) Ist // ist e) Ist // ist

6 a) Gehen b) heiße // heißen c) kommt // warte d) arbeite // arbeitet e) wohnen // kommen

7 **Aussagesätze:** Er ist aus Wien zurück. // Frau Haber und Herr Klein arbeiten bei Lang. // Mein Name ist Stock. // Herr Stromberg kommt heute nicht. // Ich bin hoffentlich pünktlich. **Befehlssätze:** Lesen Sie bitte laut! // Bitte ergänzen Sie! // Also gehen wir!

8 a) Das ist Herr Seidel. Er kommt aus München und arbeitet bei BMW. b) Das ist Frau Faber. Sie kommt aus Köln und arbeitet bei Ford. c) Das ist Herr Harnisch. Er kommt aus Essen und arbeitet bei Krupp.

9 **1./2. Satzfragen:** Und ist Herr Harnisch von Krupp schon da? **Wortfragen:** Und wo arbeiten Sie? // Wann kommt Herr Stromberg? **3. Satzfragen:** Sind Sie Herr Winter? // Wohnt Frau Haber in Erlangen? // Ist Herr Dormann pünktlich? // Arbeiten Sie bei Siemens? **Wortfragen:** Wie heißen Sie? // Woher kommen Sie? // Wo wohnt Frau Winter? // Wann kommt Herr Klein?

10 a) Wo wohnen Sie? b) Woher kommen Sie? c) Wie ist Ihr Name? d) Was macht das Geschäft?

11 a) Woher kommen Sie? b) Bin ich pünktlich? / Sind wir pünktlich? c) Wann kommt Herr Klein zurück? d) Geht sie zum Chef? / Geht sie nicht zum Chef?

12 1. a) 2. b) 3. c) 4. b) 5. a)

14 a) Wie ist Ihr Name? b) Sind Sie aus Bonn? c) Entschuldigung! / Entschuldigen Sie! / Verzeihung! / Pardon! d) Wie geht es Ihnen?

15 a) Danke, gut. / Gut, danke. / Danke, es geht. b) Nein, ich wohne in ... c) Ich arbeite bei ... d) Mein Name ist ... / Ich heiße ... e) Bitte (sehr), keine Ursache. / Keine Ursache. / Macht nichts. f) Danke, gut. / Gut, danke. / Danke, es geht. g) Nein, ich komme aus ...

16 a) Arbeiten Sie heute nicht? b) Herr Stromberg ist nicht am Flughafen. c) Geht es Ihnen nicht gut? d) Gehen Sie bitte nicht zum Chef! e) Hoffentlich ist Frau Stromberg nicht pünktlich.

17 a) Herr Stromberg ist nicht pünktlich? b) Herr Seidel ist schon am Flughafen. c) Kommen Sie bitte zum Chef! d) Arbeitet Frau Haber bei Lang? e) Ist das Telefax aus Wien schon da? f) Wo sind Frau Haber und Herr Klein? g) Wann kommt Frau Schneider?

18 a) Kommt Herr Klein heute nicht? – Doch, er kommt heute Mittag zurück. b) Entschuldigen Sie, sind Sie Frau Schneider? – Nein, mein Name ist Haber. c) Wohnen Sie in Dresden? – Nein, ich wohne in Leipzig. d) Wo arbeiten Sie? – Bei Siemens. e) Ist das da drüben Herr Stromberg? – Nein, das ist Herr Seidel.

19 jott – ah – enn – eh – deh – uh – eff – eff – üpsilon

20 **der** Chef / der Flughafen / der Name / der Mann / der Eingang / der Ingenieur / der Herr / der Parkplatz / der Vertreter / der Versand / **das** Geschäft / das Büro / das Werk / das Zweigwerk / das Telefax / das Hauptwerk / **die** Verwaltung / die Stadt / die Sekretärin / die Firma / die Vorwahl / die Straße / die Werkhalle

21 A Nein, das ist die Verwaltung. B Nein, das ist das Lager. C Nein, das ist die Werkhalle/Fabrik. D Nein, das ist der Parkplatz. E Nein, das ist die Straße.

22 a) ist b) Arbeiten // arbeite c) liegt / ist // ist d) wohnt // arbeitet e) heißt // wohnt f) bin // Ist g) sind h) macht // geht

23 a) eins plus zwei gleich drei b) fünf plus eins gleich sechs c) zehn minus drei gleich sieben d) neun minus eins gleich acht e) vier plus vier gleich acht f) zehn mal zehn gleich hundert g) zehn mal hundert gleich tausend h) acht geteilt durch vier gleich zwei i) zehn geteilt durch zwei gleich fünf

24 **Version 1:** Doch, aber hier ist Winter. // Nein, in Hamburg/Düsseldorf ... // Bitte sehr, keine Ursache. // Auf Wiederhören! **Version 2:** Haber. // Nein, hier ist 647498/... // Bitte sehr, keine Ursache. // Auf Wiederhören!

25 a) Bayern b) Eingang c) tschüs d) Mitarbeiter e) Zürich f) Straße g) neu h) keine Ursache i) bei k) da l) Büro

Lektion 2

1 a) Habe b) Hat c) Haben d) Habe e) Haben f) Hat g) Haben h) Haben i) Hat

2 a) die Lager b) die Fabriken c) die Hauptwerke d) die Werkhallen e) die Firmen f) die Preise g) die Gelder h) die Chefs i) die Probleme k) die Lösungen l) die Kalkulationen m) die Geschäfte n) die Messen o) die Büros p) die Konten

3 B Nein, das ist kein Büro, das ist eine Fabrik. C Nein, das sind keine Telefone, das sind Maschinen.

4 **1.** meine Sekretärin / mein Büro / mein Schreibtisch / mein Telefon / mein Computer / meine Maschinen / meine Mitarbeiter / meine Kunden / meine Familie / meine Frau / meine zwei Kinder / mein Sohn Martin / meine Tochter Monika **2.** ihr Büro / ihr Schreibtisch / ihre Schreibmaschine / ihr Computer / ihr Telefon / ihre Kollegen / Ihre Frau / Ihre Kinder **3.** seine Kollegin / sein Büro / sein Schreibtisch / seine Schreibmaschine / sein Computer / sein Telefon / seine Kunden **4.** ihre Firma / ihre Büros **5.** unser Chef / unser Hauptwerk / unser Zweigwerk

5	der Kunde	das Büro	die Maschine	die Probleme
ich	**mein Kunde**	mein Büro	meine Maschine	meine Probleme
er/es/	sein Kunde	**sein Büro**	seine Maschine	seine Probleme
sie (Frau Haber)	ihr Kunde	ihr Büro	**ihre Maschine**	ihre Probleme
Sie	Ihr Kunde	Ihr Büro	Ihre Maschine	Ihre Probleme
sie (Frau Haber und Herr Klein)	ihr Kunde	ihr Büro	ihre Maschine	ihre Probleme
wir	unser Kunde	unser Büro	unsere Maschine	**unsere Probleme**

6 **1.** a) Chemiker // Chemiker // Chemikerin // Chemikerinnen b) Psychologe // Psychologen // Psychologin // Psychologinnen c) Arzt // Ärzte // Ärztin // Ärztinnen d) Elektrotechniker // Elektrotechniker // Elektrotechnikerin // Elektrotechnikerinnen e) Grafiker // Grafiker // Grafikerin // Grafikerinnen f) Informatiker/Programmierer // Informatiker/Programmierer // Informatikerin/Programmiererin // Informatikerinnen/Programmiererinnen g) Betriebswirt // Betriebswirte // Betriebswirtin // Betriebswirtinnen h) Ingenieur // Ingenieure // Ingenieurin // Ingenieurinnen **2.** a) Wir werden Betriebswirte/Betriebswirtinnen. b) Sie werden Psychologinnen. c) Sie werden Ingenieure. d) Er wird Informatiker/Programmierer. e) Sie wird Ärztin. f) Sie wird Chemikerin.

7 Organigramm siehe Lehrbuch S. 22.

8 a) Vertrieb; Außendienst b) Fertigung; Produktion c) Verwaltung; Personalwesen d) Fertigung; Produktion e) Vertrieb; Werbung f) Verwaltung; Finanzwesen

9 a) Ja, das ist eine schnelle Maschine. b) Nein, das ist keine kleine Firma. c) Ja, das ist ein mittelständischer Betrieb. d) Ja, das ist ein neues Auto. e) Ja, das ist ein hoher Preis. f) Ja, das ist ein modernes Werk. g) Nein, das ist keine teure Maschine. h) Ja, das sind neue Mitarbeiter. / Nein, das sind keine neuen Mitarbeiter. i) Ja, das sind lange Lieferzeiten. / Nein, das sind keine langen Lieferzeiten. k) Ja, das sind große Arbeitsbereiche. / Nein, das sind keine großen Arbeitsbereiche. l) Ja, das sind richtige Lösungen. / Nein, das sind keine richtigen Lösungen.

10 a) die neue Sekretärin b) das kleine Werk c) die teuren Computer d) der niedrige Schreibtisch e) die modernen Maschinen f) die falsche Antwort

11 a) ein mittelständischer Betrieb / ein altes Werk / ein neues Werk / eine moderne Tochterfirma / Das amerikanische Werk b) Ihr neues Werk / unsere neue Fabrik / Die alte Fabrik c) Ihre neue Maschine / unsere neue Prägemaschine d) zwei große Probleme / eine sehr lange Lieferzeit / ein sehr hoher Preis e) Ihre neue Schreibmaschine / eine sehr gute und teure Maschine f) ein großes Problem / eine gute Lösung g) die neue Vorwahl / die richtige Nummer

12 2. Firmenchefin 3. Fahrer 4. Kauffrau 5. Laborantin 6. Vertreter 7. Vertrieb 8. Arzt 9. Studentin 10. Personalwesen 11. Produktion

14 **1.** die Werkstatt + der Leiter → der Werkstattleiter; die Tochter + die Firma → die Tochterfirma; das Material + die Wirtschaft → die Materialwirtschaft; das Personal + das Wesen → das Personalwesen; der Absatz + die Zahlen → die Absatzzahlen; die Chemie + die Lehrerin → die Chemielehrerin; die Maschinen + die Fabrik → die Maschinenfabrik; die Fremdsprachen + die Lehrerin → die Fremdsprachenlehrerin; die Firmen + die Leitung → die Firmenleitung
2. das Geschäftsgebäude, die Geschäftsleitung, der Geschäftsbereich, der Arbeitsbereich, die Betriebswirtschaft, die Betriebsleitung, das Verwaltungsgebäude, der Verwaltungsbereich, die Produktionsabteilung

15 a) die Abteilungsleiterin b) die Werksleiter c) der Werkstattleiter d) die Personalleiterin e) die Verwaltungsleiter

17 a) Liefer/zeit, die Zeit b) Haupt/werk, das Werk c) Haupt/bereich, der Bereich d) Elektro/ingenieurin, die Ingenieurin e) Elektro/techniker, der Techniker f) Finanz/wesen, das Wesen g) Park/platz, der Platz h) Kauf/frau, die Frau i) Kauf/mann, der Mann k) Präge/maschine, die Maschine l) Präge/werkzeug, das Werkzeug m) Präge/folie, die Folie n) Abroll/maschine, die Maschine o) Außen/dienst, der Dienst p) Mit/arbeiter, der Arbeiter

18 a) Herr Klein ist seit heute Mittag in Fürth. b) Frau Winter ist wieder in Leipzig. c) Frau Schneider studiert jetzt in Passau. d) Frau Jäger fährt heute nach Wien. e) Herr Stromberg ist schon am Flughafen. f) Herr Harnisch arbeitet jetzt bei Krupp. g) Frau Seidel wohnt seit heute in München.

19 b) Es ist elf Uhr. c) Es ist vier Uhr. d) Es ist neun Uhr. e) Es ist sieben Uhr. f) Es ist fünf Uhr.

20 a) Das kostet dreizehn Mark. b) Das kostet sechzehn Mark. c) Das kostet neunzehn Mark. d) Das kostet eine Mark. e) Das kostet zwölf Mark. f) Das kostet achtzehn Mark. g) Das kostet zwanzig Mark. h) Das kostet siebzehn Mark.

21 a) Wie alt ist das Hotel? – Es ist vierzehn Jahre alt. b) Wie alt ist die Firma? – Sie ist zehn Jahre alt. c) Wie alt ist die Fabrik? – Sie ist dreizehn Jahre alt. d) Wie alt ist das Verwaltungsgebäude? – Es ist fünfzehn Jahre alt. e) Wie alt ist der Schreibtisch? – Er ist acht Jahre alt. f) Wie alt ist der Computer? – Er ist vier Jahre alt.

22 **-:** die Lager, die Produktionsleiter, die Zimmer, die Gebäude, die Absender, die Computer **-e:** die Preise, die Probleme, die Betriebswirte, die Betriebe, die Werke, die Werkzeuge, die Arbeitsbereiche, die Fahrscheine, die Schreibtische **-(e)n:** die Maschinen, die Lieferzeiten, die Kalkulationen, die Lösungen, die Frauen, die Psychologen, die Fremdsprachen, die Menschen, die Fabriken, die Familien, die Entwicklungen, die Münzen, die Banknoten, die Blumen, die Adressen, die Zahlen, die Namen, die Herren, die Verwaltungen, die Kollegen **-nen:** die Buchhalterinnen, die Studentinnen, die Juristinnen **-er:** die Kinder **-s:** die Hotels, die Büros

Lektion 3

1 Lehrbuchtext S. 27 unten.

2 den Abteilungsleiter, den Studenten, den Betriebswirt, den Maschinisten, den Lehrer, den Arzt, den Messerepräsentanten, den Vertreter, den Präsidenten, den Geschäftsführer, den Spezialisten, den Psychologen, den Herrn

4 Bild 2: Was ist auf Bild 2? Das ist ein Telefon. – Was sehen Sie auf Bild 2? Ich sehe ein Telefon. Bild 3: Was ist auf Bild 3? Das ist eine Prägemaschine. – Was sehen Sie auf Bild 3? Ich sehe eine Prägemaschine. Bild 4: Wer ist auf Bild 4? Das sind Frau Haber und Herr Lang. – Wen sehen Sie auf Bild 4? Ich sehe Frau Haber und Herrn Lang. Bild 5: Was ist auf Bild 5? Das ist ein Computer. – Was sehen Sie auf Bild 5? Ich sehe einen Computer. Bild 6: Wer ist auf Bild 6? Das sind Herr und Frau Klein. – Wen sehen Sie auf Bild 6? Ich sehe Herrn und Frau Klein.

5 a) Was braucht die Firma Sturm? b) Wen kennt sie nicht? c) Was suchen Sie? d) Was schicken Sie nach Wien? e) Wen besucht Herr Klein heute?

6 a) Kennen Sie Herrn Spät, unseren Abteilungsleiter Prägemaschinen, schon? – Nein, Herrn Spät kenne ich noch nicht. b) Kennen Sie Frau Maiwald, unsere Personalchefin, schon? – Ja, Frau Maiwald kenne ich schon. c) Kennen Sie Herrn Heuberger, unseren Werkstattleiter, schon? – Nein, Herrn Heuberger kenne ich noch nicht. d) Kennen Sie Herrn Baumann, unseren Ingenieur, schon? – Ja, Herrn Baumann kenne ich schon.

7 Bild 1: Helmut Hoffmann, Lehrer; Bild 2: Simone Baldini, Tennisspielerin; Bild 3: Dr. Sabine Laatsch, Ärztin; Bild 4: Willi König, Bauer; Bild 5: Andreas Opitz, Ingenieur

8 weiß, weiß, weiß, Wissen, weiß, weiß, Wissen, wissen, weiß, weiß

9 a) Nein, es ist kein Steuerungsmodul auf Lager. b) Nein, wir brauchen keine M-CC-1. c) Nein, die Firma braucht die Maschine nicht dringend. d) Nein, ich sehe nichts. e) Nein, ich fahre heute nicht nach Salzburg. f) Nein, Frau Haber telefoniert nicht nach München. g) Nein, ich habe keinen Fahrschein. h) Nein, den Psychologen Link kenne ich nicht./Nein, ich kenne den Psychologen Link nicht. i) Nein, ich kenne keinen guten Arzt./Nein, einen guten Arzt kenne ich nicht. k) Nein, ich schicke nichts nach Frankfurt. l) Nein, die Lieferzeit ist nicht sehr lang.

10 **1.** Wir brauchen eine neue Maschine. / Ich weiß es nicht. / Es gibt ein Problem. / Die Fertigung dauert einen Monat. / Herr Spät leitet die Abteilung Prägemaschinen. **2.** Das weiß ich nicht. / Herrn Möllemann kenne ich nicht. / Das Modul brauchen wir nicht. / Den Kunden in Wien besucht unser Vertreter am Mittwoch. **3.** Seit 10 Uhr suche ich sie im Büro. / Am Dienstag besucht Herr Klein die Hannover Messe. / Morgen feiert sie ihren Geburtstag. / Morgen sehe ich Frau Haber bei Lang.

11 **1.** a) Am Montag um 10 Uhr geht Herr Klein zum Chef. Am Dienstagvormittag besucht er die Messe in Köln. Am Dienstagabend feiert er den Geburtstag von Petra. Am Mittwoch um 11 Uhr besucht er (einen) Kunden in Frankfurt. Am Freitag, Samstag und Sonntag macht/hat er Urlaub. Am Freitag reist er nach Salzburg. b) Herr Klein treibt montags und mittwochs Sport. Am Montag spielt er Volleyball. Am Mittwoch geht er schwimmen.

12 **1.** A) Sie hat einen neuen Schreibtischstuhl. B) Sie hat eine neue Schreibtischlampe. C) Sie hat eine neue Schreibmaschine. D) Sie hat einen neuen Computer. E) Sie hat ein neues Diktiergerät. F) Sie hat einen neuen Anrufbeantworter. G) Sie hat einen neuen Locher. H) Sie hat einen neuen Brieföffner.

13 gibt es, fährt, verbindet, braucht, Wohnen, nehmen, beträgt, braucht, führt, sind vorhanden, gibt es

14 a) 12.00 Uhr, zwölf Uhr; b) 13.45 Uhr, dreizehn Uhr fünfundvierzig; c) 16.30 Uhr, sechzehn Uhr dreißig; d) 14.25 Uhr, vierzehn Uhr fünfundzwanzig; e) 18.05 Uhr, achtzehn Uhr fünf; f) 21.55 Uhr, einundzwanzig Uhr fünfundfünfzig; g) 20.15 Uhr, zwanzig Uhr fünfzehn; 19.30 Uhr, neunzehn Uhr dreißig; i) 0.00 Uhr, null Uhr; k) 1.30 Uhr, ein Uhr dreißig

15 Um 7.50 Uhr duscht sie. Um 8.15 Uhr frühstückt sie. Um 9.00 Uhr telefoniert sie. Um 9.30 Uhr schickt sie ein Telefax. Um 10.00 Uhr diktiert sie Briefe. Um 11.00 Uhr besucht sie die Messe in Köln. Um 19.00 Uhr treibt sie Sport.

16 **1.** a) Ich nehme den ICE um 8.45 Uhr ab Bonn. / Ich fahre um 8.45 Uhr ab Bonn. b) Die Ankunftszeit ist 12.04 Uhr. c) Nein (, Umsteigen ist nicht notwendig). d) Ja (, der Zug hat ein Zugrestaurant). **2.** Ich fahre um 16.58 Uhr ab Hannover. b) Die Ankunftszeit ist 20.12 Uhr. c) Die Fahrt dauert etwa 3 (¼) Stunden. d) Nein (, Umsteigen ist nicht notwendig). **3.** Die Züge um 5.10 Uhr und um 7.27 Uhr von Bonn nach Hannover fahren nicht werktags. Sie fahren nur samstags und sonntags.

17 ▲ Guten Tag. ■ Guten Tag. ▲ Ich möchte ein Zimmer, bitte! ■ Ein Einzel- oder ein Doppelzimmer? ▲ Ein Einzelzimmer. ■ Wie lange blei- ben Sie? ▲ Ich bleibe zwei Tage. ■ Möchten Sie ein Zimmer mit Bad oder mit Dusche? ▲ Mit Dusche, bitte. ■ Ja, wir haben noch ein Zimmer. Es ist Zimmer 220. ▲ Was kostet es? ■ 140,- DM. ▲ Mit Frühstück? ■ Ja, Frühstück inklusive. ▲ Gut, ich nehme das Zimmer. ■ Hier ist das Anmeldeformular und Ihr Schlüssel. Wie zahlen Sie? ▲ Ich zahle bar. ■ In Ordnung. Ich notiere das. Angenehmen Aufenthalt!

18 a) ...bis achtzehnhundertzweiunddreißig; b) siebzehnhundertsiebzig bis achtzehnhundertsiebenundzwanzig; c) neunzehnhundertacht- unddreißig bis neunzehnhundertzweiundachtzig

19 S. 38 oben im Lehrbuch

20 **1.** a) Für wie viel Mrd. Dollar exportieren die Niederlande 1990? – Die Niederlande exportieren 1990 für 131,8 Mrd. Dollar. b) Für wie viel Mrd. Dollar exportiert Kanada 1990? – Kanada exportiert 1990 für 127,6 Mrd. Dollar. c) Für wie viel Mrd. Dollar exportiert Öster- reich 1994? – Österreich exportiert 1994 für 45,0 Mrd. Dollar. d) Für wie viel Mrd. Dollar exportiert die Schweiz 1994? – Die Schweiz exportiert 1994 für 66,2 Mrd. Dollar. e) Für wie viel Mrd. Dollar exportiert Spanien 1985? – Spanien exportiert 1985 für 24,2 Mrd. Dollar. f) Für wie viel Mrd. Dollar exportiert Dänemark 1985? – Dänemark exportiert 1985 für 16,9 Mrd. Dollar. g) Für wie viel Mrd. Dollar expor- tiert Griechenland 1980? – Griechenland exportiert 1980 für 5,2 Mrd. Dollar. h) Für wie viel Mrd. Dollar exportiert Portugal 1980? – Portugal exportiert 1980 für 4,6 Mrd. Dollar.
2. a) Der Export von Norwegen steigt von 7,2 Mrd. Dollar im Jahr 1975 auf 20,0 Mrd. Dollar im Jahr 1985. b) Der Export von Deutsch- land steigt von 410,7 Mrd. Dollar im Jahr 1990 auf 426,6 Mrd. Dollar im Jahr 1994. c) Der Export von Italien steigt von 77,7 Mrd. Dollar im Jahr 1980 auf 170,4 Mrd. Dollar im Jahr 1990. d) Der Export von Finnland steigt von 2,3 Mrd. Dollar im Jahr 1970 auf 29,7 Mrd. Dollar im Jahr 1994. e) Der Export von Frankreich steigt von 101,7 Mrd. Dollar im Jahr 1985 auf 210,2 Mrd. Dollar im Jahr 1990. f) Der Export von Dänemark steigt von 3,3 Mrd. Dollar im Jahr 1970 auf 17,2 Mrd. Dollar im Jahr 1980.

21 a) Prägemaschinen exportiert die Firma seit 1995. b) Den ICE gibt es seit 1991. c) Seit heute Mittag ist er wieder da. d) Etwa sechs Stunden braucht der ICE von Bonn nach Paris. e) 1994 exportiert Japan für 397,0 Mrd. Dollar. f) Dort erwartet Sie das Mitropa-Team.

Lektion 4

2 a) wohnen, kommen, sonntags, Forschung b) ganz, bereits, jetzt, benutzen c) sehen, Volkswagen, Diesel, gehen

3 **1.** a) ihn b) es c) es d) sie e) es f) ihn **2.** Haben Sie gerade Zeit a) für ihn b) für mich c) für sie d) für sie e) für uns **3.** Ja, a) ich erwarte ihn/wir erwarten ihn b) ich brauche Sie/wir brauchen Sie c) ich sehe Sie/wir sehen Sie d) ich suche sie/wir suchen sie e) sie kennt mich/sie kennt uns **4.** a) Sie ihn b) er Sie c) Sie sie/sie uns d) Sie ihn e) Sie es

4 a) falsch b) richtig c) richtig d) falsch e) falsch f) richtig g) richtig h) falsch

5 **1.** B+4, C+1, D+2, E+3. **2.** F+2, G+1/6, H+5, I+6/1, K+3, L+4

7 a) Das Auto fährt um den Flughafen. b) Kostet eine M-CC-1 um 1000 DM? c) Kommt der Geschäftsführer um 12.00 Uhr?/Bittet der Geschäftsführer um einen Rat? d) Herr Klein bittet um einen Rat./Herr Klein kommt um 12.00 Uhr.

8 **1. Eine Möglichkeit:** ... Um 9.00 Uhr muss er Telefongespräche führen. Um 9.30 Uhr muss er Briefe diktieren. Um 14.00 Uhr muss er den Intercity nach Erlangen nehmen. Um 15.00 Uhr muss er den Geschäftsführer von Siemens sprechen. Um 18.40 Uhr muss er nach Rom fliegen.

9 **1.** Frau Jäger will heute a) gut frühstücken b) Frau Malotky sprechen c) Herrn Klein etwas fragen d) Sport treiben

10 **1.** Hier darf man nicht a) parken b) schwimmen c) überholen **2.** a) Darf man hier parken? – Nein, hier dürfen Sie nicht parken. b) Darf man hier schwimmen? – Nein, hier dürfen Sie nicht schwimmen. c) Darf man hier überholen? – Nein, hier dürfen Sie nicht überholen. d) Darf man hier geradeaus fahren? – Nein, hier dürfen Sie nicht geradeaus fahren.

11 a) Herr Spät soll warten. b) Herr Klein soll sofort zum Chef gehen. c) Frau Hellmann soll das Steuerungsmodul S5/22-18 bestellen. d) Herr Spät soll einen neuen Vorschlag machen. e) Frau Jäger soll Herrn Spät fragen.

12 **1.** a) Sie kann die Schreibmaschine heute nicht bestellen. b) Er kann nicht sofort einen neuen Vorschlag machen. c) Sie kann die M-CC-1 nicht sofort liefern./Sie kann nicht sofort eine M-CC-1 liefern. d) Sie kann die Auskunft nicht sofort fragen./Sie kann nicht sofort die Auskunft fragen. **2.** a) Sie kann gut schwimmen. b) Ich kann nicht gut hören. c) Sie können gut Deutsch sprechen. d) Sie können nicht gut sehen.

13 a) will/muss b) sollen c) Darf/Kann d) muss/(will) e) Wollen – soll f) müssen g) darf h) Können i) müssen k) dürfen

14 Frau Hellmann soll bei Siemens in Erlangen ein Steuerungsmodul bestellen. Aber sie kennt die Bestellnummer nicht. Sie fragt ihre Kollegin. Die Kollegin sucht die Nummer im Katalog von Siemens und gibt sie Frau Hellmann. Jetzt muss Frau Hellmann noch die Telefonnummer von Siemens finden. Dann kann sie das Modul bestellen.

15 **1. Eine Möglichkeit:** Haben Sie ihn vielleicht? // die Bestellnummer // für // Haben Sie den Katalog von Siemens? // Ich brauche (suche) die Bestellnummer für ein Steuerungsmodul für eine M-CC-1. // Vielen Dank! Auf Wiederhören! // Guten Tag! Ich hätte gern (ich brauche) die Telefonnummer von Siemens. (Wie ist ...?) // Und wie ist die Vorwahl? // Vielen Dank! Auf Wiederhören! // Wollen // soll // können // Sie // Bis morgen! (Auf Wiedersehen!)

16 a) Ist Frau Maiwald schon da? b) Ist Frau Hellmann noch da? c) Nein, er ist nicht mehr da./Nein, er ist schon weg. d) Nein, er ist noch nicht da. e) Doch, sie sind schon da. f) Ist Herr Heuberger nicht mehr da?

17 a) eine Million b) zwei Millionen vierhunderttausend c) zwei Milliarden d) fünf Billionen

18 a) amerikanischer Dollar/US-Dollar (US$) b) Deutsche Mark/D-Mark (DM) c) japanischer Yen (¥) d) italienische Lira (Lit) e) britisches Pfund (£) f) schwedische Krone (skr)

19 a) die Automobilindustrie b) die Textilindustrie c) die Luft- und Raumfahrtindustrie d) die Ernährungsindustrie e) die Elektroindustrie f) die Kunststoffindustrie

20 A+4 das Straßenfahrzeug, B+1 die Textilindustrie, C+5 das Auslandsgespräch, D+3 die Maschinenbauerzeugnisse, E+2 die Rufnummer

Lektion 5

1 **Eine Möglichkeit:**

Frau Schneider	**Herr Spät**
Begrüßung	Begrüßung
	Steuerungsmodul S 5/22-18 vorrätig?
Nein. Wann brauchen Sie es?	Sofort. Wann lieferbar / Lieferzeit?
In 4 Wochen.	So schnell wie möglich liefern!
	sehr eilig!
per Express oder per Boten schicken?	per Boten
Notiert. Auftragsbestätigung kommt.	Verabschiedung
Verabschiedung	

Lösungen

2 **Eine Möglichkeit:** 3. Salzburg liegt südöstlich von München. 4. Bad Ischl liegt etwas südöstlich von Salzburg. 5. Linz liegt nordöstlich von Salzburg und östlich von München. 6. Wien liegt im Osten von Österreich. 7. Graz liegt im Südosten von Österreich, südwestlich von Wien. 8. Klagenfurt liegt im Süden von Österreich. 9. Villach liegt im Süden von Österreich, westlich von Klagenfurt. 10. Badgastein liegt südlich von Salzburg und nördlich von Villach.

3 **1.** a) Was kostet der Golf? b) Wie viel PS hat der Golf/er? c) Wie viele Zylinder hat er? d) Wie schnell fährt er? e) Wie viele Türen hat er? **2.** a) Wie teuer ist der Mercedes? / Was kostet der Mercedes? – Er kostet 68 080,- DM. b) Wie viel PS hat er? – Er hat 204 PS. c) Wie viele Zylinder hat er? – Er hat 6 Zylinder. d) Wie schnell fährt er? – Er fährt 234 km/h. e) Wie viele Türen hat er? – Er hat 4 Türen. **3.** b) Er hat mehr PS als der Golf. c) Er hat mehr Zylinder als der Golf. d) Er fährt schneller als der Golf. e) Er hat genauso viele Türen wie der Golf.

4 Sie hat mehr Mitarbeiter und mehr Zweigwerke als die Firma Sommer. 1998 hat sie einen höheren Umsatz als die Firma Sommer./Auch ihr Umsatz ist 1998 höher.

5 a) Nein, Rom liegt südlicher als München. b) Nein, Hoechst hat mehr Mitarbeiter als die Firma Lang. c) Nein, der Preis für die Prägemaschine ist höher als der Preis für das Steuerungsmodul. d) Ja, das stimmt. e) Nein, Berlin liegt östlicher als Düsseldorf. f) Ja, das stimmt. Oder: Nein, ich fahre lieber Zug/Auto. g) Nein, ein Diktiergerät ist billiger als ein Computer. / Nein, ein Diktiergerät kostet weniger als ein Computer. h) Ja, das stimmt. i) Ja, das stimmt. Oder: Nein, ich reise mehr. / Nein, mein Chef/meine Chefin reist mehr. k) Nein, in Norwegen ist es kälter/kühler als in Italien. l) Nein, Herr Lang hat ein höheres Gehalt als Frau Haber. / Nein, Herr Lang verdient mehr als Frau Haber. m) Nein, Großbritannien ist ein größeres Land als Irland. / Nein, Großbritannien ist größer als Irland.

6 Frau Harnisch hat ein dreimal so hohes Gehalt wie Herr Haber. / Frau Harnisch verdient dreimal so viel wie Herr Haber. b) Die Firma B hat einen sechsmal so hohen Umsatz wie die Firma A. / Der Umsatz von Firma B ist sechsmal so hoch wie der Umsatz von Firma A. c) Der Kugelschreiber ist zehnmal so teuer wie der Bleistift. / Der Kugelschreiber kostet zehnmal so viel wie der Bleistift. d) Das Auto hat eine achtmal so lange Lieferzeit wie die Schreibmaschine. / Die Lieferzeit für das Auto ist achtmal so lang wie die Lieferzeit für die Schreibmaschine.

7 Deutschland und Österreich sind Nachbarländer. Man spricht dort Deutsch. Viele Menschen in Deutschland machen Urlaub in Österreich. Auch Herr und Frau Schulz aus Potsdam wollen nach Österreich fahren. Aber sie wissen noch nicht wohin. Sollen sie nach Wien fahren oder lieber nach Innsbruck? Frau Schulz ist für Innsbruck, aber vielleicht können sie auch beide Städte besuchen.

8 **1.** a) ... 88 cm hoch und 92 cm tief. Es kostet 2 590,- DM. b) Sofa B ist 164 cm breit, 80 cm hoch und 87 cm tief. Es kostet 2 180,- DM. c) Sofa A ist 56 cm breiter als Sofa B. Es ist 8 cm höher als Sofa B und 5 cm tiefer. / Es kostet 410,- DM mehr als Sofa B. **2.** a) Tisch A ist 120 cm lang, 75 cm breit und 48 cm hoch. Er kostet 179,- DM. b) Tisch B ist 140 cm lang, 80 cm breit und 55 cm hoch. Er kostet 184,- DM. c) Tisch B ist 20 cm länger als Tisch A. Er ist 5 cm breiter und 7 cm höher. Er kostet 5,- DM mehr als Tisch A. / Er ist 5,- DM teurer als Tisch A. **3.** Koffer A ist 80 cm breit, 50 cm hoch und 30 cm tief. Er ist 20 kg schwer. b) Koffer B ist 70 cm breit, 45 cm hoch und 25 cm tief. Er ist 16 kg schwer. c) Koffer A ist 10 cm breiter als Koffer B. Er ist 5 cm höher und 5 cm tiefer. Er ist 4 kg schwerer als Koffer B.

9 a) In Athen ist es 8 °C wärmer als in München. b) Das Doppelzimmer ist 40,- DM teurer als das Einzelzimmer. / Das Doppelzimmer kostet 40,- DM mehr als das Einzelzimmer. c) Die Strecke Frankfurt am Main – Hamburg ist 95 km länger als die Strecke Frankfurt am Main – München.

11 a) Welche Unterlagen / Diese hier. b) Welches Gerät / Dieses hier. c) Für welche Folie / Für diese hier. d) Welches neue Buch / Dieses hier. e) Welchen Herrn / Diesen hier. f) Welches Steuerungsmodul / Dieses hier. g) Für welche Maschine / Für diese hier. h) Gegen welchen Vorschlag / Gegen diesen hier.

12 Diesen Golf oder diesen? / Welcher Golf / Alle beiden Autos / welcher Golf / dieser oder dieser hier? / Dieser hier / dieser da / dieser hier / alle Autos / Welche Mitarbeiter / alle Kollegen / jeder Mitarbeiter / Welche Lieferzeit / diesen/diese Wagen? / alle Autos / diesen Golf / für uns alle

13 Superlativformen im Text oben: der höchste Berg / der zweithöchste Berg / der längste Fluss / die wichtigste Wasserstraße / der zweitlängste Fluss / die größte deutsche Insel / die zweitgrößte / der größte Binnensee

14 a) die Landschaft am schönsten / die schönste Landschaft b) das Essen am besten / das beste Essen c) die Berge am höchsten / die höchsten Berge d) die Seen am größten / die größten Seen e) die Städte am interessantesten / die interessantesten Städte f) die Hotels am billigsten / die billigsten Hotels g) die Betten am bequemsten / die bequemsten Betten h) die Restaurants am besten / die besten Restaurants

15 Osten / Nord-Süd-Richtung / Berg / Südalpen / Flüsse / mündet / See / Städte / Hauptstadt / Nachbarländer / Süden / Schweiz / Einwohner / Währung

16 b) Kosmetika: 38 c) Tabakwaren: 34 d) Bekleidung: 108 e) Reisen: 59 f) Treibstoffe, Verkehr: 172 g) Nahrungsmittel: 397 h) Arzneimittel, Gesundheitspflege: 79 i) Getränke: 69 k) Freizeit, Bildung, Unterhaltung: 210 l) Autokauf: 97 m) Post, Telefon, Nachrichtenwesen: 39

Lektion 6

1 **2.** Ich hätte gern (Ich möchte bitte) a) ein Glas (eine Flasche) Rotwein b) eine Tasse (ein Kännchen) Kakao c) ein Glas (eine Flasche/eine) Coca-Cola d) eine Tasse (ein Kännchen/einen) Kaffee e) ein Glas (eine Flasche/ein) Bier f) ein Glas (eine Flasche/einen) Apfelsaft. **3.** a) richtig b) falsch c) falsch d) richtig e) richtig f) richtig

2 **1.** a) Sie ist vorn(e) rechts. b) Er sitzt hinten rechts. c) Er steht vorn(e) links. d) Sie ist hinten links. **2.** a) Sie finden ihn (Er ist) im Regal unten rechts. b) Sie finden sie (Sie sind) im Regal unten links. c) Sie finden sie (Sie sind) im Regal oben links. d) Sie finden ihn (Er ist) im Regal oben rechts.

3 a) Wo finde ich Herrn Spät? b) Wo wohnt Herr Lang? c) Wo kann (soll) ich parken? d) Wo finde ich Herrn Meyer? e) Wohin soll ich die Bücher bringen? f) Wo kann ich (man) Mineralwasser kaufen? g) Woher kommt Herr Winter? h) Woher (Von wo) kommt das Auto? i) Wo ist (Wo finde ich) das Restaurant „Die Traube"?

4 **1.** a) der Cursor/die Lichtmarke b) der Monitor/der Bildschirm c) die Kontrollleuchte d) der Netzschalter e) die Tastatur f) die Statuszeile g) der Rechner h) das Diskettenlaufwerk b i) das Kabel **2.** Oben links (Der Punkt oben links) ist der Cursor oder die Lichtmarke. Unten rechts (Die Zeile rechts unten) ist die Statuszeile und rechts unten (die Leuchte rechts unten) ist die Kontrollleuchte.

5 **1.** a) telefoniert – telefonieren b) geantwortet – antworten c) versucht – versuchen d) bekommen – bekommen e) gelesen – lesen f) gelegt – legen g) gemacht – machen h) begonnen – beginnen i) geklappt – klappen k) schief gegangen – schief gehen **2.** a) machen, -mach-, gemacht haben b) klappen, -klapp-, geklappt haben c) antworten, -antwort-, geantwortet haben d) bestellen, bestell-, bestellt haben e) telefonieren, telefonier-, telefoniert haben f) versuchen, versuch-, versucht haben g) lesen, -les-, gelesen haben h) bekommen, bekomm-, bekommen haben i) beginnen, begonn-, begonnen haben k) schief gehen, schief-, -gang-, schief gegangen sein

6 **A:** danken – gedankt haben, ebenso: liefern – geliefert haben, dauern – gedauert haben, suchen – gesucht haben, brauchen – gebraucht haben, haben – gehabt haben **B:** notieren – notiert haben, ebenso: bedienen – bedient haben, servieren – serviert haben, besuchen – besucht haben, diktieren – diktiert haben, verbrauchen – verbraucht haben **C1:** laufen – gelaufen sein, ebenso: gehen – gegangen sein, fahren – gefahren sein, kommen – gekommen sein, fliegen – geflogen sein, fallen – gefallen sein, bleiben – geblieben sein, werden – geworden sein **C2:** sehen – gesehen haben, ebenso: finden – gefunden haben, liegen – gelegen haben, **D:** beginnen – begonnen haben, ebenso: bekommen – bekommen haben

7 **1.** a) Hat Frau Haber den Brief gebracht? b) Hat Herr Heuberger hinten rechts gesessen? c) Ist Frau Menke Ihre Mitarbeiterin gewesen? d) Haben Sie Herrn Merker schon lange gekannt? **2.** Die Verben »bringen« und »kennen« haben die Form ge _____ t, aber der Vokal ist beim Partizip anders: i → a (bringen), e → a (kennen); sein – gewesen: sei → wes

8 Ich – bin schwimmen gegangen, habe gefrühstückt, bin essen gegangen, habe mit Siemens telefoniert, habe Briefe diktiert, habe die Frankfurter Messe besucht, habe eine M-CC-1 bestellt, habe eine Mitarbeiterbesprechung gehabt, bin nach Wien geflogen, habe Berichte gelesen, habe Herrn Hellmann gesprochen.

9 ... Fahren Sie mit dem IC oder fliegen Sie? – Ich nehme den IC. Der ist genauso schnell und billiger. Ich nehme den Zug um 7.26 Uhr und bin schon um 14.32 Uhr in München. Herr Robinson, ich habe nicht viel Zeit und möchte Sie nur fragen: Sprechen Sie heute noch mit Frau Petersen und benachrichtigen sie? – Ja, ich telefoniere sofort. Sie erwartet meinen Anruf schon. Übrigens stimmt sie für unseren Vorschlag./Übrigens hat sie für unseren Vorschlag gestimmt. – Ah, das ist gut ...

10 a) hat _____ gemacht, hat gelesen, getrieben b) Haben _____ gewusst, hat _____ benachrichtigt c) Haben _____ erhalten, haben _____ bekommen d) Ist _____ gesunken, habe _____ gehört e) haben _____ genommen, habe _____ getrunken f) Haben _____ verstanden g) haben _____ gegessen, habe _____ gehabt h) hat _____ geführt i) Haben _____ gekannt, hat _____ gearbeitet k) ist _____ gestiegen, haben _____ gelesen l) ist _____ gefallen, hat _____ erwartet

11 a) Gestern Nachmittag. b) Was hat er gestern Abend gemacht? c) Gestern Nacht. d) Wann hat er heute Morgen gefrühstückt? e) Was hat er heute Mittag gemacht? f) Morgen früh. g) Morgen Nachmittag. h) Was macht er übermorgen?

12 eins – erste, drei – dritte, fünf – fünfte, sieben – siebte, siebzehn – siebzehnte, neunzehn – neunzehnte, zwanzig – zwanzigste, einunddreißig – einunddreißigste, vierhundert – vierhundertste, zweitausend – zweitausendste

13 ... DOMOTECHNICA? – Vom neunzehnten bis zum zwo(zwei)undzwanzigsten Februar. – Und die Internationale Eisenwarenmesse ist doch im März, nicht? – Ja, vom dritten bis zum sechsten März. – Und wann beginnt die Interzum? – Am dritten Mai. – Und dann folgt doch die IMB. Wann genau ist sie? – Vom vierten bis zum achten Juni. – Ist dann nicht im September wieder eine Messe in Köln? – Ja, zwei. Die GAFA und die SPOGA vom ersten bis zum dritten September. – Und die ANUGA? Ist die nicht auch in Köln? – Ja. – Und wann genau ist sie? – Vom zwölften bis zum siebzehnten Oktober. – Und im November sind dann drei Messen in Köln, nicht? – Ja, die fsb, die IRW und die areal. – Wissen Sie schon die genauen Termine? – Ja, alle drei beginnen am sechsten und enden am neunten November.

14 **1.** a) (Er ist) am 4.5.1956 (geboren) b) (Er wohnt) in München c) Ja (, er ist verheiratet) d) (Er hat) die Gustav-Stresemann-Schule und das Beethoven-Gymnasium (besucht) e) (Das Abitur hat er) am 2.6.1975 (gemacht) f) (Er hat an der Technischen Hochschule) in Aachen (studiert) g) (Er hat) Maschinenbau (studiert) h) (Er hat dort) als Ingenieur in der Konstruktionsabteilung (gearbeitet) i) Er ist stellvertretender Leiter des Konstruktionsbüros bei Ewald & Schmitz in Köln gewesen. (Er hat als ... gearbeitet.) k) Ja (, er hat gute EDV-Kenntnisse). **2. Eine Möglichkeit:** ... Vom 5.6.62 bis zum 28.6.66 hat Herr Seidel die Gustav-Stresemann-Schule in München besucht, und dann vom 7.8.66 bis zum 2.6.75 das Beethoven-Gymnasium in München. Am 2. Juni 1975 hat er das Abitur gemacht. Von 1975 bis 1980 hat er dann Maschinenbau an der Technischen Hochschule Aachen studiert. Am 24. Mai 1981 hat er dort den Abschluss als Diplom-Ingenieur (Fachrichtung Maschinenbau) gemacht. Vom 1.7.1981 bis zum 30.9.1986 ist er als Ingenieur in der Konstruktionsabteilung bei Brewitz & Co. in Ulm tätig gewesen. Vom 1.10.1986 bis zum 31.8.1988 hat er dann als stellvertretender Leiter des Konstruktionsbüros bei Ewald & Schmitz in Köln gearbeitet. Seit dem 1.9.1988 ist er Leiter des Konstruktionsbüros bei Hincks & Kunz in München. Er spricht Englisch und Französisch und hat gute EDV-Kenntnisse.

15 **2.** Gehören sie a) Herrn Lang b) der neuen Mitarbeiterin c) ihr/ihnen d) dem Besucher aus Rom e) der Chefin f) ihm g) dem freundlichen Vertreter h) den kleinen Kindern dort i) den Kollegen k) Ihrer Frau?

16 a) sie _____ mir b) ihm c) Herrn Lang, ihm d) ihr e) ihr f) ihm

17 a) Wem diktiert er (Herr Lang) gerade einen Brief? – Seiner Sekretärin. b) Wem haben Sie alles erklärt? – Dem Chef. c) Wem hat er (Herr Lang) Blumen geschenkt? – Seiner Mitarbeiterin. d) Was haben Sie Frau Haber geschickt? – Ein Telefax. e) Wem soll er (Herr Klein) die Firma zeigen? – Seinem neuen Kollegen. f) Was hat sie (die Floristin) Frau Menke empfohlen? – Nelken.

19 a) ihn – Ihnen b) mir – einen Rat c) ihm – ein Telefax d) es – Ihnen e) ihn – Frau Hellmann f) ihn – Ihnen

20 ... Ich bin ins Blumengeschäft gegangen. Die Floristin hat mir weiße Tulpen empfohlen. Aber sie haben mir nicht gefallen. Schließlich habe ich meinem Chef einen großen Strauß Nelken gekauft. Nachmittags ist eine kleine Feier gewesen. Da habe ich Herrn Merker den Blumenstrauß gegeben. Herr Lang ist auch gekommen. Er hat Herrn Merker 25 CDs überreicht. Herr Merker hat der Geschäftsleitung und allen Mitarbeiterinnen und Mitarbeitern gedankt. Er hat Sekt und einen Imbiss für alle spendiert.

Lektion 7

1 **1.** Der Dialog hat die Ordnung: 4, 3, 1, 5, 2, 9, 7, 6, 8

2 **1.** a) endet / Geschäftsjahr b) hätte / gern / Kännchen c) März / endet / erste d) Städte / Erlangen **2.** a) verbindet / Bremerhaven / Frankfurt b) Vorschlag / von / Vertreter c) viele / Vorteile / fährt d) Firma / Fertigung / Vertrieb / Verwaltung e) für / vorrätig

3 a) die Investition b) die Produktion c) die Organisation d) die Information

4 a) Zweifel b) Sorgen c) Glück d) Kleingeld e) Durst f) Kapital g) Pech h) Hunger

5 zum Lager, zur Bank, zu Herrn Spät, zum Zahnarzt, zu seiner Mitarbeiterin, zum Friseur, zur Post, zur Konferenz, zum Einwohnermeldeamt, zum Bahnhof

6 a) zum Essen / von einer Besprechung (aus einer Besprechung) / zum Arzt b) vom 3.7. bis 24.7. c) aus ihrem Büro d) von 14.00 Uhr / zum Bahnhof / nach Frankfurt e) zu einer Konferenz nach Genf / nach der Konferenz / nach Lausanne f) seit 1980 / zu einer anderen Firma g) aus einer kleinen Stadt h) nach Dienstschluss / zur Bank i) von 1985 k) von Bonn nach Köln l) mit dem Auto / mit dem Zug / mit dem Zug m) bei der Arbeit / seit vorigem Jahr

7 bei der Deutschen Bank / mit einer Freundin / mit dem Fahrrad / bei einer Familie

8 mit dem Auto nach Fürth / zu Ihnen / bis zum Bahnhof / Von dort / bis zur Post / bis zur Deutschen Bank / bei uns / bei uns / nach dem Frühstück / von Fürth weiter nach Erlangen / seit fünf Jahren

9 **1.** das Betriebsverfassungsgesetz, die Inhaltsübersicht, die Mitbestimmung, die Betriebsratswahl, die Jugendvertretung, der/die Angestellte, das Bundesgesetzblatt **2.** Folgende Wörter gibt es nicht: der Vorschriftenbetrieb, die Gesetzesfirma, der Bundesberuf, der Zusammenbetrieb **3.** die Arbeitszeitverkürzung, das Bundesgesetzblatt, der/die Auszubildende, die Betriebsratswahlen

10 1. Auszubildende 2. Mitbestimmung 3. Jugendliche 4. Überstunden 5. Arbeitgeber 6. Arbeitnehmer 7. Abkürzung 8. Stelle

11 Alle vier Jahre wählen die Arbeitnehmer über achtzehn Jahre den Betriebsrat. Die Wahl ist geheim und direkt. Das Betriebsverfassungsgesetz fordert die vertrauensvolle Zusammenarbeit von Arbeitgeber und Betriebsrat. Bei vielen Fragen muss der Betriebsrat mitbestimmen, zum Beispiel beim Thema Arbeitszeit.

12 a) Die Auftragslage ist schwierig. Deshalb sollen die Montagearbeiter Überstunden machen. / Die Montagearbeiter sollen Überstunden machen, denn die Auftragslage ist schwierig. b) Der Betriebsrat muss seine Zustimmung zur täglichen Arbeitszeit geben. Deshalb spricht Herr Mitter mit dem Betriebsrat. / Herr Mitter spricht mit dem Betriebsrat, denn er muss seine Zustimmung zur täglichen Arbeitszeit geben. c) Herr Merker feiert sein Dienstjubiläum. Deshalb schenkt ihm die Geschäftsleitung 25 CDs. / Die Geschäftsleitung schenkt Herrn Merker 25 CDs, denn er feiert sein Dienstjubiläum. d) Rauchen macht krank. Deshalb bin ich gegen Rauchen. / Ich bin gegen Rauchen, denn es macht krank.

13 A+4, B+1, C+5, D+3, E+2

15 von unserer Betriebsratssitzung / mit dem Thema / von der schwierigen Auftragslage / zu einem Engpass / nach einer Lösung / zu Überstunden / mit dem Betriebsrat

16 a) nach / ihre Frage nach b) von / ihr Bericht von c) mit (über/von) / ihr Gespräch mit (von/über) d) mit / ihr Telefongespräch mit e) bei / seine Hilfe bei

17 A+5, B+8, C+7, D+6, E+4, F+3, G+2, H+1

Lösungen _____

18 Ich sehe ...
den alten Vorsitzenden
die nahe Verwandte
die vielen Deutschen
einen neuen Auszubildenden
eine alte Bekannte
einige Angestellte

Ich danke ...
dem alten Vorsitzenden
der nahen Verwandten
den vielen Deutschen
einem neuen Auszubildenden
einer alten Bekannten
einigen Angestellten

19 **Eine Möglichkeit:** a) der Produktionswert ... b) der Betriebsrat, die Betriebswirtschaft ... c) der Exporterfolg, der Exportanteil ... d) die Investitionsgüter ... e) der Industriezweig ... f) die Ausbildungszeit, das Ausbildungsjahr ...

20 b) Mitarbeiter c) Firmenchef / Mitarbeiterin d) Mitarbeiterin e) Kolleginnen f) Arbeiter g) Auszubildender / Azubi

21 1. c) 2. b) 3. a) 4. b) 5. c)

Lektion 8

1 1. Wie geht's **denn** heute?/Ihr Terminkalender gefällt mir heute **gar** nicht./Was gibt es **denn** heute?/Die Zeit ist **aber** knapp./Das ist **ja** prima.

2 2. a) Sie arbeiten aber/ja viel, Herr Hausmann. b) Das ist aber zu viel. c) Sie kennen ja Herrn Klein./Sie kennen Herrn Klein ja. Er ist da (ja) sehr genau. 3. **[Hinter den Abtönungspartikeln steht ein (!)]:** Ja, aber nur kurz. – Das ist aber(!) knapp. – Ja, morgen Nachmittag hat er nur einen Termin. – Da habe ich aber/ja(!) Glück. – Ja, das geht. – Er fehlt aber/ja(!) sehr oft. – Nun, Sie wissen ja(!): ... – Das geht aber(!) schon lange so, nicht? – Ja, schon seit einem Jahr. – Vielleicht können Sie ihm ja(!) helfen. – Aber jetzt muss ich gehen.

3 2. a) Warum ist dieses Auto denn so teuer?/Warum ist denn dieses Auto so teuer? b) Warum sind Sie denn gestern nicht gekommen?/Warum sind Sie gestern denn nicht gekommen? c) Wer hat Sie denn so oft angerufen? 3. a) Wann brauchen Sie das Teil denn? – Wann ist es denn lieferbar? b) Dürfen Sie das denn? c) Warum denn? Hat er meinen Brief denn nicht bekommen?/Hat er denn meinen Brief nicht bekommen? 4. »denn« als Abtönungspartikel: a) und c) 5. »doch« als Abtönungspartikel: b) und c) 6. a) Dann schicken Sie Herrn Neubert doch ein Telefax!/Dann schicken Sie doch Herrn ... b) Dann fragen Sie doch Frau Hellmann! c) Geben Sie mir doch mal den Siemens-Ordner!

4 Es ist a) Viertel vor elf b) zwanzig vor elf c) fünf vor halb fünf d) zwanzig nach fünf e) fünf nach halb sechs f) fünf nach drei g) Viertel nach vier h) Viertel vor eins i) zehn nach sechs.

5 zweiundzwanzig Uhr – zweiundzwanzig Uhr fünf – zweiundzwanzig Uhr zwanzig – null Uhr zehn – ein Uhr fünfunddreißig – ein Uhr vierzig

6 1. a) Sprechstunden b) Schalterstunden/Öffnungszeiten c) Schalterstunden/Öffnungszeiten d) Öffnungszeiten

7 a) **seit** drei Stunden b) **ab** Montag, d**em**/d**en** viert**en** März c) **seit** zwanzig Jahr**en** d) **ab** e) **seit** letzt**em** Februar f) **seit** d**em** dritt**en** November

8 1. werden – entwickelt – produziert // gekauft werden // gelagert werden // geplant werden // wird – erforscht // wird besprochen // gesichert – gesteigert werden // wird – geworben // werden – bestellt // werden – geleitet // werden – diskutiert // werden – gemacht

9 a) Das Steuerungsmodul muss noch bestellt werden. b) Die Rechnung muss noch geschrieben werden. c) Das Problem mit der M-CC-1 muss noch besprochen/diskutiert werden. d) Herr Huber muss noch benachrichtigt werden. e) Der Vorschlag muss noch diskutiert/besprochen werden. f) Der Bericht muss noch gelesen werden.

10 Und so bekommen Sie unsere Produkte: Die gewünschte Ware wird telefonisch direkt bei uns bestellt. Dann wird Ihnen der Auftrag bestätigt und Sie werden über die Lieferzeiten informiert. Die Ware wird pünktlich zum Liefertermin geliefert. Mit der Ware wird Ihnen die Rechnung geschickt. Sie wird bar bei Lieferung gezahlt.

11 a) Dieses Gerät kann nicht mehr benutzt werden. b) Dieses Phänomen kann nicht erklärt werden. c) Dieser Brief kann nicht leicht gelesen werden. d) Unser Auto ist an einem Tag nicht mehr repariert werden. e) Kann mein Vertrag noch verlängert werden? f) Können hier alle Folien bis zu 127 mm Breite verwendet werden?

12 a) falsch b) falsch c) falsch d) richtig e) falsch f) richtig g) richtig

14 **Eine Möglichkeit:** ... ■ Guten Tag, Herr Becker. Haben Sie vielleicht die Umsatzzahlen von deutschen Industrieunternehmen für das Jahr 1995? ... ■ Welchen Umsatz hat Daimler-Benz gehabt? ... ■ Steht die Firma wieder an erster Stelle? ... ■ Und wer folgt an zweiter Stelle? ... ■ Und welchen Umsatz hat Volkswagen erzielt? ... ■ Und auf welchem Platz steht Shell ... ■ Und welchen Umsatz hat Bayer erzielt? ... ■ Das ist ja interessant. Vielen Dank, Herr Becker. Sie haben mir sehr geholfen. Auf Wiederhören!

15 a) Aktivseite/Vermögen b) Anlagevermögen c) Umlaufvermögen d) Grund und Boden e) Gebäude f) Fahrzeuge g) Rohstoffe und Halbfabrikate h) Fertigfabrikate i) Kundenforderungen k) Bankguthaben und Barmittel l) Passivseite/Kapital m) Fremdkapital n) Bankdarlehen o) Wechsel p) Verbindlichkeiten q) Rückstellungen

Lektion 9

2 a) Beethoven b) Binnenseen / Bodensee / Müritzsee c) Mehr / höhere d) Lieferzeiten / sehr / verlieren / sehe e) Gehen / Vortrag / Exportfinanzierung

3 a) Umsatzzuwachs b) Nächsten / Praxis / Taxi c) höchsten d) flexible e) Wechsel f) Niedersachsen / Sachsen / Sachsen-Anhalt

4 1. a) Fluss / Wasserstraße b) Engpässe c) Außendienstmitarbeiter d) Genussmittelausstellung e) Großunternehmen / heißen f) interessanten / Anschließend / Abendessen g) wissen / Gießen / heißt h) größten

5 1. **Eine Möglichkeit:** Es ist Sonntag. Herr Lang jun. schläft aus. Um 10 Uhr steht er auf. Zuerst duscht er. Dann ruft er seine Freundin an. Um 11 Uhr fahren sie los. Mittags halten sie an und legen eine Pause ein. Am Nachmittag kommen sie in Rothenburg an. Sie gehen dort spazieren und schauen die alten Gebäude an. Dann trinken sie Kaffee. Später fahren sie wieder zurück nach Heidelberg und kommen dort am Abend an. 2. **Eine Möglichkeit:** Aber zuerst habe ich ausgeschlafen und bin erst um 10 Uhr aufgestanden. Dann habe ich geduscht und meine Freundin angerufen. Um 11 Uhr sind wir dann losgefahren. Unterwegs haben wir angehalten und eine Pause eingelegt. Am Nachmittag sind wir in Rothenburg angekommen. Wir sind dort spazierengegangen und haben die alten Gebäude angeschaut. Dann haben wir Kaffee getrunken. Später sind wir wieder nach Heidelberg zurückgefahren und sind dort am Abend angekommen.

7 a) Nein, er kann nicht mitkommen. b) Nein, ich will erst morgen dort anrufen. c) Nein, ich muss zuerst meinen Sohn abholen. d) Nein, er soll einkaufen.

8 **trennbar:** mitgekommen, eingeladen, mitgebracht, umgestiegen, vorgestellt, eingekauft, angerufen, stattgefunden **nicht trennbar:** erhalten, bekommen, verstanden, erwartet, verbraucht, entwickelt, widersprochen, verkauft, entdeckt, erfunden, versucht, ergänzt **nicht trennbare Vorsilben:** be-, er-, ver-, ent-, wider-

9 1. Wann fängt die Besprechung an? / Fahren Sie bitte sofort los! / Die Kosten laufen uns davon. / Haben Sie morgen viel vor? 2. Darf ich Ihnen unsere neue Mitarbeiterin vorstellen? / Wollen Sie heute Mittag eine Pause einlegen? / Müssen Sie morgens früh aufstehen? / Zuerst will ich meinen Kalender durchschauen. 3. Haben Sie schon eingekauft? / Die Besprechung hat am Nachmittag stattgefunden. / Wann wird Herr van Beeken abgeholt? / Ist der Brief schon angekommen?

10 1. 1. berät; beraten 2. vertritt; vertreten 3. hilft; helfen 4. nimmt ab; abnehmen 2. e → i: sprechen, er/es/sie spricht; werben, er/es/sie wirbt; geben, er/es/sie gibt; gelten, er/es/sie gilt; werden, er/es/sie wird a → ä: fahren, er/es/sie fährt; fallen, er/es/sie fällt; einladen, er/es/sie lädt ein; enthalten, er/es/sie enthält; schlafen, er/es/sie schläft

11 2. **Dezernat I: Hauptgeschäftsführung:** – Führung der Kammergeschäfte, – Dienstaufsicht, – Informations- und Pressearbeit (Kontakte zu Presse, Rundfunk und Fernsehen); **Dezernat II: Außenwirtschaft und ausländisches Recht:** – Veranstaltungen zur Außenwirtschaft, – Kooperation mit ausländischen Industrie- und Handelskammern und Auslandshandelskammern, – (Informationen zu) Ein- und Ausfuhrfragen, – (Informationen zur) Exportfinanzierung, – Auskünfte über ausländische Firmen; **Dezernat III: Berufsbildung:** – Berufsausbildung, – kaufmännische Weiterbildung, – technische Weiterbildung, – Beratung (bei Fragen zur Aus- und Weiterbildung), – Zwischen- und Abschlussprüfungen für Auszubildende, – technische Lehrwerkstätten; **Dezernat IV: Industrie:** – Information und Beratung zu: Energiewirtschaft (Strom, Gas, Wasser, Fernwärme etc.), Umweltschutz (Abfallwirtschaft, Luftreinhaltung, Recycling etc.), Technologie, Absatzwirtschaft; **Dezernat V: Steuern, Handel und Strukturfragen:** – Steuer- und Finanzfragen, – Wirtschaftsförderung; **Dezernat VI: Verkehr und Inlandsmessen:** – Verkehrspolitik, – Verkehrsplanung, – Verkehrsrecht, – Inlandsmessen; **Dezernat VII: Verwaltung:** – Büroorganisation, – Personalwesen, – Hausverwaltung, – Kasse, – Finanzbuchhaltung, – Beitragswesen, – Datenverarbeitung, – technischer Dienst.
3. a) Dezernat II: Außenwirtschaft und ausländisches Recht) b) Dezernat III: Berufsbildung c) Dezernat VI: Verkehr und Inlandsmessen d) Dezernat II: Außenwirtschaft und ausländisches Recht e) In einer technischen Lehrwerkstatt. (siehe Dezernat III) f) Dezernat IV: Industrie g) Dezernat I: Hauptgeschäftsführung h) Dezernat VII: Verwaltung

12 a) bis b) bis / bis zum c) Bis zu den d) Bis / Bis zum e) bis zum f) Bis / Bis zum

13 1. a) am/hinter dem b) Auf dem c) auf dem d) vor dem / auf einem e) Auf dem f) unter dem g) An der / hinter dem

14 **in:** Sie gehen ins Büro, in die Besprechung, in die Werkhalle, in die Stadt, ins Theater, ins Krankenhaus, in den Betrieb, ins Lager. Sie sind in der Werkstatt, im Betrieb, in der Ausbildung, im Hotel Forsthaus, in der IHK, im DIHT, im Bahnhof.
an: a) am b) an Herrn c) ans d) ans e) an die f) an der g) am

15 2. Das Buch „Der Manager" steht auf dem Tisch. 3. Der Hoechst-Ordner liegt auf dem Tisch. 4. Die Bleistifte liegen auf dem Tisch. 5. Die Flasche steht auf dem Tisch. 6. Die Tasse steht auf dem Tisch. 7. Die Unterlagen / Die Mappen liegen auf dem Tisch. 8. Der Siemens-Ordner steht auf dem Tisch. 9. Der Computer steht auf dem Tisch. 10. Das Telefon steht auf dem Tisch.

16 1. **Eine Möglichkeit:** Der Computer steht unter dem Schreibtisch. Auf dem Schreibtisch steht der Schreibtischstuhl. Auf dem Schreibtischstuhl liegt der Kalender. Das Telefon und drei Tassen stehen im Regal. Auf dem Stuhl rechts stehen Gläser. Unter dem Stuhl liegen zwei Ordner. Der Papierkorb liegt im Zimmer. **2. Eine Möglichkeit:** Sie stellt den Schreibtischstuhl wieder vor den Schreibtisch. Sie stellt den Computer und das Telefon wieder auf den Schreibtisch. Auch die beiden Ordner legt sie wieder auf den Schreibtisch. Sie hängt den Kalender wieder an die Wand. Den Papierkorb stellt sie wieder unter den Schreibtisch.

17 Im / ins / auf den / ins / auf dem / ins / am / ins / auf den / ins / in die / in die / In der

18 a) Ja, sie ist Sekretärin ... / Ist sie eine gute Sekretärin? b) Ja, Herr Mitter ist Ingenieur und (der) Konstruktionsbüroleiter und Herr Heuberger ist (der) Werkstattmeister. c) Nein, sie ist die Sekretärin von Herrn Lang.

19 Eine Möglichkeit:
Personalzusatzkosten

Industriebetriebe	:	29 400 DM
	=	83,60 DM je 100 DM Direktkosten
Dienstleistungssektor	:	81,9 %
Banken-/Versicherungssektor	:	höher
gesamte Personalkosten 1966–1988	:	7,5 % gestiegen
Zusatzkosten 1966–1988	:	9,5 % gestiegen

20 a) Was für eine moderne Einrichtung! b) Was für ein schöner Schreibtisch! c) Was für neue Geräte! d) In was für einem Geschäft e) Was für eine Schreibmaschine f) Mit was für einem Computerprogramm

21 A+3, B+6, C+7, D+5, E+1, F+4, G+2

Lektion 10

3 1. 3, 2, 1, 7, 4, 9, 6, 5, 10, 12, 8, 14, 13, 17, 16, 19, 18, 22, 21, 23, 20, 15, 11.

4 a) arbeiten b) ankommen c) beginnen d) bestellen e) wissen f) besprechen g) duschen h) wohnen i) liefern k) vorschlagen l) erfinden m) exportieren n) empfehlen o) fahren p) fordern q) beraten r) sprechen s) kündigen

5 1. zu A passen 9 und 16; zu B passen 5, 18 und 19

6 a) Sekretärin b) Zweigwerk c) Vertreter d) fährt sehr gern e) erklärt f) liefern g) Fertigung h) Werbeabteilung i) jährlich k) Währungsstabilität l) Verstärkung

7 1. ... dass/Herr Baumann/uns/verlässt; dass/Herr Baumann/so plötzlich/kündigt; dass/wir/die Stelle so schnell wie möglich/ausschreiben; dass/wir/erst mal zwei Facharbeiter/einstellen; weil/wir/so viele Aufträge/haben.

8 a) Herr Spät bedauert die Kündigung von Herrn Baumann, weil er ein tüchtiger Ingenieur ist. – Herr Baumann ist ein tüchtiger Ingenieur. Deshalb bedauert Herr Spät seine Kündigung. b) Frau Maiwald gibt eine Stellenanzeige auf, weil die Firma Lang Ersatz für Herrn Baumann braucht. – Die Firma Lang braucht Ersatz für Herrn Baumann. Deshalb gibt Frau Maiwald eine Stellenanzeige auf. c) Herr Lang hat nur 15 Minuten Zeit, weil um 8.45 Uhr Herr Barnes aus London anruft. – Um 8.45 Uhr ruft Herr Barnes aus London an. Deshalb hat Herr Lang nur 15 Minuten Zeit. d) Herr Müller ist heute spät nach Hause gekommen, weil er Überstunden gemacht hat. – Herr Müller hat Überstunden gemacht. Deshalb ist er heute spät nach Hause gekommen.

9 a) Weil Frau Maiwald noch die Stellenanzeige entwerfen muss, kommt sie heute etwas später. b) Dass Herr Baumann die Firma verlässt, bedauert Herr Lang. c) Weil Herr Lang etwas mit Frau Maiwald besprechen muss, ruft er sie an. d) Weil die Firma Lang so viele Aufträge hat, stellt sie neue Facharbeiter ein.

10 1. a) Er glaubt, die Umsatzzahlen können noch mehr steigen. b) Ich schlage vor, wir stellen erst einmal nur zwei Facharbeiter ein. c) Sie wissen, wir brauchen zwei neue Mitarbeiter in der Montage. d) Wir hoffen, wir erzielen nächstes Jahr höhere Umsatzzahlen. e) Frau Maiwald sagt, sie hat die Stellenanzeige schon aufgegeben. f) Die Firma Lang schreibt, sie kann die Prägemaschine in vier Wochen liefern. g) Ich finde, Herr Lang ist ein idealer Chef.

11 a) Herr Spät schlägt vor, dass zwei neue Ingenieure eingestellt werden. b) Herr Lang bedauert, dass Herr Baumann gekündigt hat. c) Die Monteure fordern, dass die Arbeitszeit verkürzt wird. d) Frau Maiwald hat heute erfahren, dass sie angerufen hat.

12 1. a) Anführungszeichen b) Punkt c) Doppelpunkt d) Komma e) Semikolon/Strichpunkt f) Spiegelstrich/Gedankenstrich g) (eckige) Klammer h) Fragezeichen i) Auslassungspunkte. 2. // Dublin, 19.10.91 // German-Irish Chamber of Industry and Commerce // 46 Fitzwilliam Square // Dublin 2 // Firmennachweis // Sehr geehrte Damen und Herren, wir sind ein kleines irisches Unternehmen, das Textilien (Damenoberbekleidung) produziert. Wir haben Interesse daran, Geschäftsverbindungen zu deutschen Firmen aufzubauen. Können Sie uns Firmen nennen, die in der Textilbranche – möglichst im süddeutschen Raum – tätig sind? Wir würden uns freuen, wenn Sie uns bald antworten könnten. Für Ihre Hilfe danken wir Ihnen im Voraus. // Mit freundlichen Grüßen //

13 a) Er hat Ihnen helfen wollen. b) Herr Baumann hat das gekonnt. c) Frau Maiwald hat eine Stellenanzeige aufgegeben sollen. d) Rauchen? – Das hat man in unserem Büro nicht gedurft. e) Wir haben Herrn Haber kündigen müssen.

14 erreichen/sprechen können // Hat _____ müssen // fahren müssen // hat _____ können // hat _____ gewollt // haben _____ können

16 über die Stellenausschreibung // sich um den Anzeigentext // mit Herrn Spät // sich für einige Verbesserungen // sich beide geeinigt // sich _____ um die Stellen / eignen sich // für die Stellen / uns _____ gedulden // sich _____ sich _____ für die Stellen / sich _____ auf den Stellenmarkt // befinden uns // sich _____ niederlassen // irren Sie sich // begnügen sich _____ mit Schulen // sich _____ mit der Frage // sich _____ gegen einen neuen Wohnort // uns _____ verhalten // uns mit weniger guten Facharbeitern // melden sich //

17 a) Wohin/Nach b) Wo/In c) Wo/In d) Wohin/Nach e) in der/in den f) Wohin/In die

18 Fehler: f, h, k, n, p, r, x, z. Korrektur: f = Werbung, h = Vertrieb, k = Produktion, n = Konstruktion, p = Materialwirtschaft, r = Verwaltung, x = Unternehmensleitung, z = Personalwesen

Lösungen

Lektion 11

1 1. sagen über + Akk., warten auf + Akk., denken an + Akk., verhandeln mit + Dat.

2 a) Kundenforderungen werden zu den Aktiva und Bankdarlehen zu den Passiva gezählt. b) Können Sie mir bitte die Durchwahl von Frau Hoffmann geben? c) Die Sekretärin von Herrn Spät serviert gerade Kaffee. d) Diese Kurve bezieht sich auf die Umsatzzahlen in den letzten zehn Jahren. e) Im November haben wir mehr als zwanzig Überstunden machen müssen. f) Die Firma Lang übernimmt die Kosten für die Monteurstunden als zusätzlichen Kundenservice.

3 Außerdem // Deshalb // aber // weil // dass // aber // wenn // aber // sodass // Aber // wenn // dann // Wenn // außerdem // dass

4 a) Die Firma Lang muss einen neuen Ingenieur einstellen, wenn Herr Baumann kündigt. b) Die Nachfrage sinkt, wenn die Preise steigen. c) Die Firma kann nicht pünktlich liefern, wenn sie keine neuen Mitarbeiter einstellt.

5 a) unfreundlich b) jung/neu c) wenig d) unpünktlich e) ideenreich f) richtig g) unklar h) ungenau i) niedrig/tief k) unmöglich

6 1. Angebot gemacht // verhandelt // Konkurrenz // Auftrag // hereinholen // im Vergleich // kalkuliert // Preisnachlass // Spielraum // entgegenkommen // beträgt // Kundenservice // übernimmt (trägt) // Kosten // trägt (übernimmt) // technischen Vorsprung // lieber

7 a) Wenn Herr Sturm nicht bald ein plausibles Angebot erhält, bestellt er bei Krönmeyer. b) Die Maschine kostet 10% weniger und kann schneller geliefert werden. c) Das finde (denke) ich auch. d) Das ist bei Lang nicht möglich. (Das geht bei Lang nicht.) e) Wir fordern also, dass die Firma Lang die Kosten für den Monteur trägt.

8 a) Worauf haben Sie gewartet? b) Mit wem haben Sie verhandelt? c) Worum haben Sie sich beworben? d) Worum haben Sie sich kümmern müssen? e) Worüber haben Sie sich (am meisten) gefreut? f) Über wen haben Sie sich unterhalten? g) Für wen haben Sie sich eingesetzt? h) Von wem haben Sie sich verabschiedet?

9 a) Darüber b) mit ihm c) darum d) dafür e) dafür f) von ihr g) von ihr h) bei ihm

10 a) per Express/per Telefax, b) per Einschreiben, c) per Telefax, d) per Bahn – per LKW/auf dem Landweg

11 1. a) Vorauszahlung b) späteren Zahlungstermin c) per Nachnahme 2. Bei Drittelzahlung bezahlt der Kunde ein Drittel, wenn er den Auftrag erteilt hat, ein Drittel der Summe ist bei Fertigstellung der Maschine fällig, und ein Drittel zahlt der Kunde bei Inbetriebnahme der Maschine.

12 1. a) Die Firma heißt TOPDEQ. b) Ja, die Telefonnummer lautet 06103/89073. c) Ja, wenn bis 17.00 Uhr bestellt wird. d) Ja. e) Sie muss spätestens 30 Tage nach Rechnung bezahlt werden. f) Man kann per Scheck oder per Kreditkarte zahlen. g) Ja, es gilt eine Garantie von bis zu 3 Jahren. h) Der Ausstellungsraum ist von 9.00 bis 17.00 Uhr geöffnet. i) Die Firma liefert Möbel. k) Ein Angebot erhält man am schnellsten per Telefax.

14 1. a) die Lösung des Problems/eines Problems/von Problemen b) die Bestellung eines/des/von Kunden c) die Bedingungen der Zahlung, d) der Besuch eines/des/von Kunden e) die Zahlung eines Teils f) der Eingang eines Auftrags/von Aufträgen g) die Bestätigung des Auftrags/eines Auftrags/von Aufträgen h) Die Besprechung der Mitarbeiter/von Mitarbeitern i) der Text einer/der Anzeige k) die Verkürzung der Arbeitszeit l) die Wahl des Betriebsrats m) das Zimmer des Chefs/der Chefin n) die Senkung des Diskontsatzes o) der Chef der Firma p) die Produktion der/von Maschinen q) der Bau der/von Werkzeugmaschinen 2. a) die Einstellung eines Facharbeiters b) die Zahlung einer Rechnung c) die Lösung eines Problems d) die Lieferung der Ware e) die Bestellung einer Prägemaschine f) der Export von Werkzeugmaschinen g) die Überweisung von Geld h) die Vereinbarung eines Zahlungstermins

15 a) Ich freue mich über den guten Verkauf unserer neuen Produkte. b) Herr Lang bedauert die Kündigung seines besten Mitarbeiters. c) Frau Maiwald setzt sich für die Einstellung neuer Mitarbeiter ein. d) Herr Spät hat erst heute von dem Arbeitsunfall seines besten Facharbeiters erfahren. e) Die Gewerkschaften fordern die (eine) Verkürzung der wöchentlichen Arbeitszeit. f) Der neue Wirtschaftsminister hat eine (die) Verbesserung des jetzigen Betriebsverfassungsgesetzes vorgeschlagen. g) Herr Spät hofft auf eine (die) schnelle Lösung dieses Problems. h) Herr Lang erwartet den Verkauf der Kölner Tochterfirma.

16 a) Mikroschrift kann man mit der Lupe lesen. b) Den Sicherheitsfaden kann man im Gegenlicht ohne Unterbrechung sehen. c) Die Buchstaben rechts auf dem Schein kann man tasten.

Lektion 12

2 2. a) mag b) mag c) mag d) mögen e) mag 3. a) Möchten Sie Tee oder Kaffee? b) Mögen Sie (gerne) Kartoffeln? c) Ich möchte die Gulaschsuppe! d) Mag er Tee lieber mit oder ohne Zucker? e) Was für Musik mag sie am liebsten? f) Herr Ober, ich möchte bitte einen trockenen Weißwein! g) Fisch mögen wir alle nicht (gerne). h) Möchten Sie auch Reis als Beilage? i) Herr Sturm möchte lieber bei Lang bestellen, aber die Lieferzeiten sind sehr lang. k) Mögen Sie morgens auch so gerne Milch? l) Den neuen Abteilungsleiter mag ich nicht.

3 1. a) unternehmen b) übernehmen/tragen c) vereinbaren d) einstellen e) erzielen/erreichen f) erhalten g) führen h) aufgeben

6 Während eines Abendessens mit Herrn Lang bedauert Herr van Beeken die langen Lieferzeiten bei Lang. Er glaubt, dass die Firma einen der Hauptkunden aus den Niederlanden verliert, wenn nicht bald eine Lösung dieses Problems gefunden wird. Er meint, die Firma wird konkurrenzunfähig, wenn nicht billiger produziert und schneller geliefert wird. Herr Lang dagegen glaubt, dass Lang auch dann mit der Konkurrenz mithalten kann, wenn die Lieferzeiten nicht verkürzt werden. Er denkt, dass die Firmen auch in Zukunft bei Lang kaufen, weil die Konkurrenzprodukte technisch weniger leistungsfähig sind.

7 1. a) Ja, sie ist eine der besten Prägemaschinen. b) Ja, ich halte ihn für einen der tüchtigsten Ingenieure. c) Ja, ich habe einen der besten französischen Weine im Haus. d) Ja, sie ist einer der besten Kunden von Lang. e) Ja, es ist eines der besten Diktiergeräte. f) Ja, es hat eines der besten Theater. 2. a) Welches der beiden Gerichte finden Sie besser? b) Welches der beiden Menüs finden Sie besser? c) Welchen der beiden Bewerber finden Sie besser? d) Welche der beiden Sekretärinnen finden Sie besser? e) Welches der beiden Angebote finden Sie besser? 3. a) Nein, ich finde keines der beiden (Angebote) gut. b) Nein, ich halte keine der beiden (Bewerberinnen) für geeignet. c) Ich möchte es mit keinem der beiden (Herren) besprechen. d) Ich nehme keines der beiden (Menüs).

8 1. a) Trotz der schlechten Auftragslage b) Wegen der langen Lieferzeit(en) c) wegen der hohen Zahl d) Während des letzten Jahres (Während der letzten Jahre) e) Trotz der hohen Lohnkosten f) Während der letzten Mitarbeiterbesprechung 2. a) Wegen der (zu) hohen Preise verliert die Firma Kunden. b) Wegen der vielen Überstunden in der Montageabteilung fordert der Betriebsrat Neueinstellungen. c) Wegen der Kündigung von Herrn Baumann braucht Herr Spät dringend einen neuen Ingenieur. 3. a) Während der heutigen Mitarbeiterbesprechung (Während der Mitarbeiterbesprechung heute) sollen Vorschläge zur Lösung aktueller Probleme entwickelt werden. b) Während des letzten Quartals sind die Umsätze um 2 % gestiegen. c) Während des/eines Flugs nach Wien liest Herr Klein Geschäftsberichte.

9 A+4, B+6, C+1, D+2, E+3, F+5

10 1. a) Ausdruck von Zufriedenheit: Ich beglückwünsche Sie zu den schönen Erfolgen, hervorragende Ergebnisse (gehabt), (Das hat auch unser Vorstand hervorgehoben); Ausdruck von Unzufriedenheit: Aber ... Gewinne zu niedrig, (Wir haben) viel mehr erwartet; b) Er nennt die hohen Kosten der Produktentwicklung für die Autoantennen als Grund. c) Die Muttergesellschaft soll die hohen Kosten wenigstens teilweise ersetzen. d) „... Aber ich teile das nicht. ... Ich bin gegen jede Kostenerstattung." e) „Ich betone: ..." f) „Das ist richtig." g) Die Fertigungsanlagen sollen weiter ausgebaut werden. Dafür ist eine Kapitalaufstockung notwendig. h) „Das müssen Sie aber genau begründen!"

12 a) Herr Mitter war Werkstattmeister. Im November 1997 hatte er schon sehr viele Maschinen in Arbeit. Für eine weitere M-CC-1 hatte er eigentlich keinen Platz mehr. b) Ich hatte heute/gestern einen vollen Terminkalender. Um halb neun hatte ich ein Gespräch mit Herrn Spät. Eine Viertelstunde später hatte ich ein Telefonat mit John Barnes. Die Zeit war knapp. c) Überstunden waren keine Dauerlösung, denn wir hatten immer wieder Engpässe in der Montage. Deshalb war ich für Neueinstellungen. d) Herr Baumann war ein idealer Mitarbeiter. Er war tüchtig und flexibel und hatte viele Ideen. Außerdem hatte er viele Jahre Auslandserfahrung und gute EDV-Kenntnisse. e) Frau Maiwald, was war der Grund für die Kündigung von Herrn Baumann? – Der Grund war nicht das Gehalt und auch nicht das Betriebsklima. Ganz persönliche Gründe waren dafür verantwortlich. f) Unsere Kunden waren unzufrieden, weil die Preise relativ hoch und die Lieferzeiten sehr lang waren. Deshalb hatten wir nicht genug Aufträge. Seit Wochen waren wir nicht ausgelastet. Daher waren die Gewinne niedriger als erwartet.